EMBARQUE JÁ!
O MUNDO TE ESPERA

ADRIANA MIRAGE, Ph.D

Copyright© 2015 by Editora Ser Mais Ltda.
Todos os direitos desta edição são reservados à Editora Ser Mais Ltda.

Presidente:
Mauricio Sita

Capa:
Jana Jezek

Diagramação e projeto gráfico:
Cândido Ferreira Jr.

Ilustrações:
Iris Casado

Revisão:
Ana Luiza Libânio

Gerente de Projetos:
Gleide Santos

Diretora de Operações:
Alessandra Ksenhuck

Diretora Executiva:
Julyana Rosa

Relacionamento com o cliente:
Claudia Pires

Impressão:
Gráfica Pallotti

Dados Internacionais de Catalogação na Publicação (CIP)
(Câmara Brasileira do Livro, SP, Brasil)

```
Mirage, Adriana
    Embarque já : o mundo te espera : 11 segredos
de uma mente global para potencializar sua vida
pessoal e profissional / Adriana Mirage. --
São Paulo : Editora Ser Mais, 2015.


    ISBN 978-85-63178-89-3


    1. Carreira profissional - Administração
2. Conduta de vida 3. Coaching 4. Globalização -
Aspectos culturais 5. Globalização - Aspectos
econômicos 6. Globalização - Aspectos sociais
7. Mudança (Psicologia) I. Título.
```

15-10155   CDD-658.3124

Editora Ser Mais Ltda
Rua Antônio Augusto Covello, 472 – Vila Mariana – São Paulo, SP
CEP 01550-060
Fone/fax: (0**11) 2659-0968
Site: www.editorasermais.com.br e-mail: contato@revistasermais.com.br

PREFÁCIO

Adriana Mirage, PhD, navega com maestria neste fabuloso livro que permite ao leitor mergulhar nos mares da possibilidade da internacionalização, equipar-se com poderosas dicas e estratégias para preparar-se para diversas situações de viagem e desafios culturais espalhados pelo mundo.

A obra, repleta de histórias práticas de vida, fornece valiosos aprendizados, os quais emocionam e tocam o coração, motivando e mobilizando para a ação.

É um convite irrecusável a viajar e se aventurar pelas nações, encontrando leões, elefantes, festas religiosas, culturais e muito mais.

Leitura fundamental para quem quer desbravar novos países, sabores e desafios e tornar-se hábil como um Cidadão Global.

Embarque agora na leitura!

Prof. Douglas De Matteu
Master Coach

DEDICATÓRIA

Dedicado a minha família.

À minha mãe Maria, por ter me dado o poder de sonhar; a meu pai José, por ter me dado liberdade quando jovem; à minha irmã Fabíola, por ter sempre me apoiado em qualquer circunstância; à minha tia Lúcia, por ter sempre compreendido quem eu realmente era; e a meu filho Enrico.

APRESENTAÇÃO

Este livro representa uma ampla investigação científica, como resultado dos estudos doutorais desenvolvidos na Florida Christian University, Orlando, Flórida, USA.

Fundada em 1985, Florida Christian University é uma instituição de alcance global de ensino superior para estudantes que procuram integrar seus estudos profissionais com uma fundamentação e ética cristã. O objetivo da instituição é oferecer alta qualidade no programa de ensino superior para promover o conhecimento acadêmico e contribuir para o desenvolvimento profissional e pessoal de cada aluno.

Florida Christian University tem sido reconhecida com a Certificação Ouro (a mais alta possível), pela Florida Council of Private Colleges, Inc. (FCPC) e pelo Council of Private Colleges of America, Inc (CPCA) agências que representam faculdades, universidades e seus respectivos membros perante o governo e a agência educacional americana.

A obra representa o esforço e a dedicação de uma aluna que cursou e foi aprovada conforme os requisitos do programa de Doutorado em Coaching da Florida Christian University e deseja socializar seu aprendizado e suas conquistas.

A Florida Christian University espera, com mais essa iniciativa, oferecer a estudantes, profissionais, gestores e técnicos uma ferramenta que contribui à educação continuada. Por meio dos conhecimentos, que agregados agora às suas práticas, pretende contribuir com a especialização, atualização e aperfeiçoamento na área.

Florida Christian University,
Prof. Anthony Portigliatti, PhD.
President and Chancellor

AGRADECIMENTOS

Gostaria de agradecer ao Dr. Anthony Portigliatti, por seu apoio e encorajamento para que usasse a minha experiência de vida como cidadã global para inspirar outras pessoas; ao Dr. Benny Rodrigues, pela motivação e assistência na ideia inicial do livro; à equipe da Florida Christian University, pelo suporte durante minha jornada; e ao querido amigo e irmão Adilson Souza, por ter me introduzido no Coaching.

Agradeço a Robin e Anthony Malatino, pelo apoio e direcionamento durante minhas conquistas nos Estados Unidos; a Susie e Barry Stoltz, pela maravilhosa amizade.

Muito obrigada aos amigos Rey DeJesus e Douglas De Matteu, pela ajuda especial em fazer com que o livro tomasse forma.

Obrigada a toda equipe da Editora Ser Mais; a Zanna e Kytka Hilmar-Jezek, pela paciência e profissionalismo durante o projeto.

Agradeço a todos os amigos que encontrei pelo mundo durante minha jornada de descobertas.

Obrigada aos participantes da pesquisa internacional sobre expatriados e imigrantes, cujos resultados estão expostos no livro.

Muito obrigada a Deus, pela minha jornada!

ÍNDICE

11 Introdução

19 Questionário

21 🌐 Capítulo Um - ESTRATÉGIA

31 🌐 Capítulo Dois - APOIO DA FAMÍLIA E DE AMIGOS

45 🌐 Capítulo Três - AUTOCONHECIMENTO E O ESTILO DE COMUNICAÇÃO

73 🌐 Capítulo Quatro - HABILIDADES SOCIAIS E COISAS EM COMUM

85 🌐 Capítulo Cinco - CURIOSIDADE

107 🌐 Capítulo Seis - DIVERSIDADE

115 🌐 Capítulo Sete - AGILIDADE CULTURAL

123 🌐 Capítulo Oito - MOTIVO

131 🌐 Capítulo Nove - DETERMINAÇÃO

145 🌐 Capítulo Dez - FLEXIBILIDADE E RESILIÊNCIA

153 🌐 Capítulo Onze - ESPIRITUALIDADE E FÉ

161 Resultados da pesquisa

173 Relembrando os onze passos

181 Sobre a autora

183 Bibliografia

INTRODUÇÃO

A contribuição mais poderosa que você vai ganhar com a leitura do livro é a conscientização. A obra é um guia valioso e essencial para quem busca uma compreensão mais profunda da importância crescente da inteligência cultural no mundo globalizado atual. A globalização não é o futuro, é o presente. Se ainda está preso a velhos paradigmas sociais, encontrará dificuldades em crescer profissionalmente. Para expandir, deve

INTRODUÇÃO

alongar seus horizontes e abrir-se para as oportunidades que lhe permitem conectar-se com outras culturas.

É muito importante, especialmente para um profissional, conhecer um segundo idioma. Ser capaz de se comunicar apenas em sua língua materna pode não ser mais o suficiente para levá-lo onde quer estar. Portanto, o jovem deve ter a oportunidade de ver o mundo exatamente como é e não obscurecido por sua percepção cultural.

Você pode estar se perguntando: "Como é que vamos trazer isso para o uso prático?". Jovens e adultos que fazem parte da educação do ensino médio e universitário navegam por um ambiente muito frágil, o qual pode prepará-los para os aspectos técnicos de uma carreira, mas as habilidades sociais necessárias normalmente não vêm com a educação que se obtém na faculdade. Além de entender a importância da inteligência emocional, devemos acrescentar a inteligência cultural, que também está deixando muito a desejar no currículo atual.

Muitas pessoas que estudam ou trabalham no exterior têm a oportunidade de aprender que a lição vem com a experiência. Pouco conhecimento multicultural gera frustração, pois a experiência pode não coincidir com a expectativa. A transição pode ser mais fácil quando se conscientiza de que você é um diplomata da sua cultura. Não apenas um turista, mas uma representação viva de seu país de origem na interação que vai promover. Pense no poder transformador: você é um embaixador da sua cultura.

A internacionalização é o novo caminho para o crescimento pessoal e profissional. Aprender com a outra cultura e compartilhar nossos conhecimentos, gerando desenvolvimento social. A globalização atua como um fluxo natural de ideias, tecnologias, recursos, conhecimentos, produtos e serviços entre as nações. A internacionalização da educação e da carreira é uma tendência natural que preenche as necessidades do mercado atual. Esconder a cabeça na areia e ignorar a direção pode levar a arrependimentos futuros.

EMBARQUE JÁ • O MUNDO TE ESPERA

Hoje, mais do que nunca, estamos nos conectando a uma comunidade global. Portanto, é o melhor momento da história para fazermos algo novo. O principal desafio não é a falta de informação ou de recursos, mas clareza e comprometimento. Onde há um objetivo com determinação, há um caminho. Quando não podemos ver o caminho, construímos um.

O movimento cultural entre as nações está crescendo exponencialmente, e cabe a cada um de nós sermos parte dele. Se pretende uma carreira ou está trabalhando nela, já sabe que exigirá educação e formação contínua. Imagine como poderá ampliar seu potencial internacionalizando a sua preparação, estudando ou trabalhando no exterior.

O mundo precisa de você e da mensagem que tem para compartilhar. Isso não é apenas maximizar o seu crescimento, mas compartilhar suas experiências com outras culturas. É o que nos faz mais fortes e unidos para objetivos em comum: desenvolvimento e paz mundial.

Hoje vivemos um mundo novo na educação e na carreira. Tornar-se um cidadão global é uma escolha que inclui responsabilidade e identidade. O mundo está abrindo as fronteiras, aproveite a oportunidade.

O que é uma mentalidade de cidadão global?

Ter uma mentalidade global significa sentir-se parte do mundo inteiro e não de uma nação específica, expandir a amizade com pessoas de diferentes países acessando a diversificadas culturas, sentir-se em casa, mesmo estando fisicamente a 5.000 km de distância, inspirar pessoas de outras culturas e conectar-se com elas.

A mentalidade global não tem qualquer espaço para julgamentos, preconceitos ou medo. Em vez disso, nossos corações e mentes se abrem para a maravilha da diversidade e, ao mesmo tempo, aprendem com pessoas que transitam um caminho diferente do nosso. Um cidadão global entende que a verdade é relativa aos olhos de quem prega, que somos o produto do meio ambiente e que podemos acessar as oportunidades ao

INTRODUÇÃO

nosso redor. Então por que não ser mais? Por que não fazer parte de todo o mundo?

O livro é perfeito para você que está pensando em viver em outro país, trabalhando ou estudando. Ele quer inspirá-lo a sair para brincar, a ver o mundo e senti-lo com suas mãos. Imagine a oportunidade de ser um habitante local em vez de um turista. Remova os filtros e amplie sua compreensão do mundo. Não tenha medo, porque há alguém como você do outro lado do oceano perguntando exatamente a mesma coisa: "Como será a vida lá do outro lado?".

O número de pessoas que decidem mudar para outro país é cada vez maior, buscando qualidade de vida, melhores perspectivas de carreira, aprender um idioma por imersão, estudar ou reciclar seu conhecimento, oportunidades de crescimento dentro da empresa, trabalhar em missões ou serviço voluntário ou iniciar um novo relacionamento. No entanto, algumas se adaptam facilmente a diferentes ambientes e culturas, fazendo com que a viagem multicultural seja um novo capítulo de sucesso e crescimento; enquanto outras sofrem com seus próprios medos. Logo, ter consciência do que esperar é sempre benéfico.

A interdependência global é uma realidade e devemos nos esforçar para entender como gerenciar conflitos em um ambiente multicultural, tanto quanto aprender sobre as forças que unem as culturas, bem como as que podem separá-las. A desmistificação da complexidade de uma mentalidade global é essencial para a educação e formação profissional. Como um cidadão global, desenvolvemos nossa criatividade e pensamento crítico enquanto mantemos nossa integridade, ética e sensibilidade às diferenças culturais. Em suma, enriquecemos nosso conhecimento e nos desenvolvemos como seres humanos.

Há muitos livros que discutem o conceito de ser um cidadão global, mas poucos trazem a prática ou explicam como fazer parte desse mundo e criar um impacto cultural positivo em escala local e global. Uma das intenções na criação deste livro é oferecer medidas práticas e simples que auxiliem na formação da consciência e de uma mentalidade global, para ajudá-lo a navegar no mundo, independentemente de sua razão ou destino.

Desenvolvimento pessoal e profissional está relacionado à capacidade de conquista de novos espaços. Por que não nos expandirmos em um oceano internacional de oportunidades?

O advento da internet nos dá livre acesso a informações e recursos que fazem o mundo parecer muito menor e mais acessível do que nunca. Ser um cidadão global não é apenas uma referência às pessoas que vivem uma aventura ou estilo de vida *Jet set*, ou seja, um estilo de vida de pessoas ricas que participam de atividades sociais inacessíveis à grande maioria da população e que viajam internacionalmente com frequência. Ser um cidadão global é uma grande realidade para muitas pessoas que tomaram a decisão de estudar, voluntariar ou trabalhar no estrangeiro.

Os indivíduos que optaram por imersão e adaptação a uma cultura diversa de suas próprias origens pode facilmente identificar o seu grau de desenvolvimento pessoal, flexibilidade, resistência e força pela exposição a um novo ambiente. Este livro apresenta tópicos que são elementos-chave no desenvolvimento e transição para qualquer pessoa com aspirações globais. Compartilho elementos e casos de estudo, levando em conta os objetivos e a psicologia de uma mentalidade global, apresentando estratégias e resultados.

Com base em meu trabalho profissional, estudo e experiência, o sucesso de um viajante internacional, cidadão global ou executivo global não é baseado em sorte, mas na prática da fluência cultural, flexibilidade e motivação. Temos diferentes sonhos e objetivos. Nós vivemos escolhas baseadas em nossas regras e crenças, no entanto, quando se trata de uma relação multicultural, devemos expandir a nossa gama de flexibilidade. Devemos desenvolver uma tolerância muito maior em nome do sucesso da integração global e da nossa missão.

INTRODUÇÃO

Baseado em mais de 25 anos de minha experiência de vida viajando e vivendo em todo o mundo, o livro inclui algumas histórias poderosas de meus clientes de *Coaching*, com experiência global. É a conclusão de uma pesquisa que teve mais de 400 participantes de mais de 80 países ao redor do mundo.

Para começar, uma pergunta simples: Você se considera um cidadão global?

Você pode estar se perguntando o que o termo "cidadão global" realmente significa. Um cidadão global é um indivíduo com habilidades interativas e contribuições sociais voltadas para o desenvolvimento pessoal, social ou profissional, transcendendo nacionalidade ou cultura. Como já sabemos, a interdependência global é a nossa realidade. Criação de novas oportunidades no ambiente social e profissional demonstra uma validação para as pessoas com habilidades interativas multiculturais e uma compreensão da contribuição global. Não nascemos com estas habilidades, desenvolvemo-nas de maneira formal ou informal, teórica ou prática.

Entendo que talvez, apenas lendo um livro, não consigamos descobrir como iniciar uma conversa significativa com um estranho em um trem com destino à Suíça ou à Índia. Mas podemos mostrar que existem alguns fatores que influenciam o sucesso da interação. No trabalho, as habilidades são ainda mais apreciadas, devido à tendência da expansão dos mercados e da escassez de profissionais prontos para assumir suas funções em ambientes geográfica e culturalmente diferenciados.

O mercado profissional atual valoriza e recompensa indivíduos que têm experiência internacional em educação, voluntariado ou experiência profissional na carreira. As empresas estão procurando as melhores pessoas para sua equipe, que necessitam de um conjunto especial de habilidades. Nacionalidade e localização já não importam. O que importa é ter uma mentalidade global. Estas competências interculturais são essenciais, porque muitas vezes temos de gerenciar ou ser parte de equipes com múltiplas origens demográficas.

EMBARQUE JÁ • O MUNDO TE ESPERA

O mercado global está à procura de pessoas com excelente preparo técnico e grande capacidade de adaptação à integração multicultural. Adquirir estas habilidades transformará a experiência de morar no exterior e aprender uma nova cultura uma grande oportunidade.

Quando praticamos imersão cultural, não só aprendemos sobre outras pessoas, mas também sobre nós mesmos e nossos paradigmas. Em outras palavras, quanto maior for a nossa exposição multicultural e experiência, maiores serão os níveis de crescimento pessoal. Nossos valores mudam e amadurecemos quando nos desafiamos com diferentes realidades. Aprendemos com cada nova experiência, obstáculo ou desafio que se apresenta durante a nossa jornada.

Maximize a sua oportunidade, preparando-se adequadamente. Este livro foi escrito como uma ferramenta de treinamento para o crescimento pessoal e profissional, porque sei o quanto ajuda estarmos equipados com as estratégias certas e informações para aproveitar as oportunidades.

Costumo dizer aos meus clientes: "Não precisa ser rico para viajar, você vai se tornar mais rico por viajar!". Então, convido-o a se preparar para uma jornada de sucesso, investindo em mobilidade, fluência global e cultural. Pessoas talentosas desenvolvem tanto raízes como asas. Imagine-se conquistando o mundo enquanto investe em sua aptidão multicultural. Com cada nova experiência, criará uma rede de amigos tão rica como as Nações Unidas e começará um treinamento transcultural mais eficiente, o que vem com a experiência de vida real. Agora é o momento de se dar o presente de novos começos, de curiosidade, de liberdade e de excitação.

É hora de chegar lá e definir o seu sucesso. Este é o momento perfeito para se tornar um cidadão global e abraçar a oportunidade de inovar a sua história.

Eu o desafio a sair da sua zona de conforto doméstico e ser parte da solução global.

QUESTIONÁRIO

O questionário a seguir vai ajudá-lo a ter uma visão e consciência de sua mentalidade global atual. Recomendo que responda a cada pergunta antes de começar a leitura e, mais uma vez, depois de tê-la concluída. Possuir uma mentalidade global tem a ver com a forma como estamos conscientes de nossos próprios comportamentos e crenças. Não pule esta etapa, uma vez que é projetada para ajudá-lo a expandir sua visão de mundo e de oportunidades.

1) Examine sua vida e reflita sobre o quanto é afetada por acontecimentos relacionados à globalização (exemplo: internet, produtos que você usa, as pessoas que interagem com você, oportunidade de carreira etc.). Você consegue ver o impacto? Como?
2) Você fala outro idioma? Quantos?
3) Você já viajou para o exterior? Turismo? Estudo? Trabalho ou negócios?
4) Se sim. Em que grau você acha que conhece a cultura que você visitou? Você fez amigos por lá?

QUESTIONÁRIO

5) Você aprecia comida internacional ou étnica? Filmes estrangeiros e música (além de Hollywood)?
6) Você tem amigos estrangeiros?
7) Você sai com os estrangeiros ou com diferentes grupos culturais?
8) Alguma vez você já hospedou um estrangeiro? Como foi a experiência?
9) Quando você examina um país, em que você preste atenção em primeiro lugar? As coisas diferentes ou as coisas que temos em comum?
10) Você conhece alguém vivendo em um país estrangeiro?
11) Alguma vez já pesquisou para descobrir as semelhanças e desafios que sua profissão enfrenta em outros países?
12) Alguma vez já pensou em viver em um país diferente? Onde? Por quê?
13) Quais são os grandes desafios que um estrangeiro teria se mudasse para o seu país?
14) Como você pode contribuir para tornar a experiência mais confortável para um amigo estrangeiro em seu país?
15) Para você, qual seria o maior desafio vivendo em outra cultura?
16) Se pudesse escolher um lugar diferente para viver, onde seria? Por quê?
17) Qual é o próximo idioma que deseja aprender? Por quê?
18) Onde gostaria de ter a oportunidade de estudar ou trabalhar? Por quê?
19) Acredita que poderia aprender com outras culturas e compartilhar seu conhecimento?
20) O que está o impedindo?

CAPÍTULO UM

ESTRATÉGIA

Organize, não agonize!

Nancy Pelosi

ESTRATÉGIA

Estratégia é a arte de planejar e gerenciar as ações para alcançar um objetivo específico. Considere as seguintes perguntas: Você tem tudo de que precisa para iniciar a sua viagem? Já pensou nos possíveis desafios que enfrentará? Já pensou no que poderia dar errado? Qual é a estratégia de planejamento financeiro para o seu projeto?

Quando discuto a estratégia em relação ao desenvolvimento de uma mentalidade global, foco na importância em garantir o sucesso de missão através do desenvolvimento de habilidades e de motivação necessárias, que o ajudarão a buscar novas oportunidades. Devemos ser flexíveis, mas é importante termos uma estratégia para começar.

Ao criarmos estratégias para alcançar nossos sonhos ou objetivos, devemos ter nossas regras pessoais estabelecidas e claras, calcular o risco, a logística e as finanças, não esquecendo a análise do ponto de vista jurídico. Isto é o que eu chamo de "planejamento prático". Além dele, temos o "planejamento teórico", que inclui a psicologia, a antropologia e os aspectos sociais da cultura que estamos pesquisando, investigando ou considerando como residência.

CAPÍTULO UM • ESTRATÉGIA

Ao definirmos nossos objetivos pessoais e profissionais, devemos nos perguntar: "Quais habilidades preciso desenvolver para chegar lá?". Antes que qualquer ação seja tomada, é preciso criar o nosso mapa. É importante fazer anotações manuscritas ou digitais. Usando um mapa escrito, terá uma visão geral que ajudará na sua estratégia. Através do processo da escrita, somos capazes de registrar nossos pensamentos e complementá-los mais tarde, acrescentando novas informações a qualquer momento.

Com base na minha experiência e extensa pesquisa, em qualquer estratégia há falhas. Muitas vezes, as coisas se complicam dentro do nosso país, agora imagine quando se está no exterior, lidando com culturas diferentes. Portanto, é importante ter um plano A, plano B, plano C, plano D e olhar para as formas possíveis de sair de situações variadas. Saber o que pode dar errado e prever as opções com antecedência é um exercício que melhorará significativamente a sua preparação para situações de emergência. Um exemplo é ter cópias dos seus documentos de viagem arquivadas on-line, em que você, amigos mais próximos e familiares podem acessá-las em caso de emergência. Eis uma preparação inteligente em caso de perda de documentos, caso esteja no exterior. Quando temos cópias de tudo ou backup em que podemos acessá-lo de imediato, uma crise potencial torna-se alguns momentos de atraso. Além disso, é importante que um amigo ou membro da família tenha acesso em caso de emergência. Lembre-se de incluir as informações pessoais e não apenas documentos de viagem. Se o cenário incluir uma prisão no exterior, será útil ter acesso às suas informações de conta bancária, o seu empregador, as suas contas etc.

Você tinha planejado voltar em duas semanas, e devido a circunstâncias imprevistas, encontra-se no exterior há seis meses. Esteja preparado com os números de telefone e e-mails de pessoas que pode entrar em contato no caso de precisar de alguma ajuda no exterior. Para melhor preparar-se para um novo ambiente de trabalho, colete informações sobre a empresa em que vai atuar. Se estiver em uma missão profissional, pesquise

EMBARQUE JÁ • O MUNDO TE ESPERA

o máximo possível sobre as pessoas com quem vai trabalhar. Investigue o perfil dos clientes, quem são seus colegas de trabalho, como é a comunidade etc. Nunca espere até chegar lá para descobrir as informações. Com a internet e os outros recursos facilmente disponíveis, não há desculpas para não se preparar.

Tenho um amigo estrangeiro chamado Kislay, o qual insistia em que eu fosse visitá-lo na Índia. Ele se ofereceu para me hospedar em sua casa com sua família e levar-me para passear e conhecer as incríveis paisagens de seu belo país. Depois de um ano de persuasão e insistência, finalmente decidi aceitar o convite e planejei minha viagem para o mês de maio, como presente de aniversário. Eu estava animada, porque ele me disse que, depois de passar uma semana em Mumbai, íamos "mochilar" por toda a Índia e visitarmos os pontos mais interessantes e famosos. Meu itinerário foi sendo planejado e tudo parecia se encaixar. Tinha minha passagem aérea, meu guia de viagem e minha mochila. O que não me lembrei de "pôr na mochila" foi uma estratégia. Em retrospectiva, dava como certo que meu amigo estava fazendo os planos e tinha tudo sob controle. Em cada viagem, uma lição aprendida.

Muito animada, pousei em Mumbai à meia-noite. Mas descobri que meu amigo não estava lá esperando. Ingenuamente, nem sequer tinha dinheiro indiano. Todas as casas de câmbio do aeroporto estavam fechadas e eu estava sem um telefone celular. Depois de esperar por mais de uma hora, decidi pedir a alguém para fazer uma chamada telefônica para tentar encontrar meu amigo. Como o aeroporto estava vazio e eu estava sentada do lado de fora, não podia reentrar, a solução foi esperar por um milagre.

Finalmente vi um policial. Pedi ajuda e dei-lhe o número de telefone do meu amigo. Depois de várias tentativas ansiosas e fracassadas, alguém atendeu ao telefone, mas não foi Kislay. Um rapaz chamado Baba foi quem atendeu, tentando se desvencilhar do barulho e da música alta que estava do outro lado da ligação. Expliquei que estava procurando Kislay e que deveria ter me encontrado no aeroporto. Baba disse que procura-

CAPÍTULO UM • ESTRATÉGIA

ria pelo amigo e, assim que o encontrasse, estariam a caminho para me pegar. Aliviada, acomodei-me para esperar.

Três horas depois, com a bagagem dentro do carro, Kislay anunciou que haveria mudanças de plano. Alguns amigos estavam casa dele e não havia espaço suficiente. Prontificou-se a encontrar um local para me hospedar ligando para um amigo, que falava inglês. A hospedagem seria apenas por uma noite.

Exatamente às 5h, Kislay me deixou em frente a um prédio. Pediu que eu fosse até o segundo andar e tocasse a campainha. Explicou que o seu amigo abriria a porta. Disse que nos veríamos mais tarde para o jantar. Incrédula, subi as escadas rezando por alguma solução. Respirei fundo e bati na porta. Um jovem com uma cara muito amigável, mas cansada, disse-me para entrar e me acomodar em sua sala de estar. Uma vez lá dentro, anunciou que estava indo para a cama. Depois de quase 48 horas de viagem, tudo o que eu estava procurando era um chuveiro e um lugar para dormir. Desmoronei no sofá, com exaustão.

Às 11h, acordei com cheiro de comida sendo preparada. Conheci Darren, um jovem muito simpático da Malásia, que estava preparando café da manhã para nós. Ele me perguntou se havia dormido bem e quais eram meus planos para o dia. Disse-lhe que não tinha planos, já que eu esperava que Kislay estivesse cuidando dos detalhes. Mas, depois da experiência na noite passada, poderia assumir com segurança que ele não era nada confiável. Darren sorriu com um olhar de compreensão e o que poderia ter sido a pior coisa que tinha me acontecido no início da viagem, tornou-se a melhor. Conhecer Darren no início da jornada mudou completamente toda a minha experiência. Ele estava morando na Índia há mais de dois anos. Como um estrangeiro, sabia exatamente quais os maiores desafios culturais e práticos e tinha uma profunda compreensão do que eu estava prestes a experimentar.

Baseado em sua experiência e seu generoso interesse em me preparar para a grande aventura, Darren me ajudou a criar estratégias para o resto da viagem. Levou-me a uma loja para

EMBARQUE JÁ • O MUNDO TE ESPERA

comprar um telefone celular, à estação de trem para adquirir bilhetes e mostrou-me como negociar com as pessoas. Explicou sobre o hábito cultural de vagões de trem reservados apenas para as mulheres. Na Índia e outras culturas ao redor do mundo, como Egito, Irã, Taiwan, México, Indonésia, Filipinas, Malásia, Japão e Dubai, o *Eve-teasing* é um eufemismo para assédio sexual público ou abuso sexual de mulheres. Eve faz referência à Eva, figura bíblica. Em Mumbai, há vagões reservados para mulheres a fim de que possam trabalhar e estudar na cidade sem medo de serem assediadas. Darren foi sensível às minhas necessidades e fez o melhor para me educar sobre a cultura que ele mesmo havia navegado apenas alguns anos antes. Após três dias de aprendizagem extensiva com Darren, eu estava pronta para embarcar sozinha em minha viagem "mochilando" pela Índia. Obviamente, não mais contava com Kislay para ser meu guia, mesmo mantendo nossa amizade.

Dos pés do Himalaia às florestas tropicais de Kerala, minha viagem foi um grande sucesso. Conheci pessoas incríveis ao longo do caminho. Tive sorte que minha experiência acabou bem e usei os desafios e surpresas como uma inesquecível e poderosa lição. Aprendi a ter sempre a uma estratégia no caso de algo ao longo do caminho mudar ou não sair como esperado. Meu amigo Darren atualmente mora na Polônia e não perdemos contato.

Crie uma rede de amigos no país que está planejando visitar. Desta forma, pode pedir apoio em caso de emergência. Mantenha as informações importantes, documentos de viagem e de identificação em lugar seguro e com cópia para as pessoas de sua confiança. Faça uma lista com as pessoas que estará visitando em sua jornada (nomes, e-mails, endereço residencial, endereço de trabalho, números de telefone).

Qualquer que seja seu plano, não se esqueça de criar o plano A, plano B e um plano C, no mínimo. Em caso de emergência, o plano A é a certeza de funcionar muito bem. Mas não podemos prever circunstâncias desconhecidas, então exercite a sua

CAPÍTULO UM • ESTRATÉGIA

mente, inspirando-se ainda mais para criar um plano B, plano C, plano D e assim por diante. Com minha experiência, fui para o plano B e C antes. Com a estratégia adequada, você voltará para casa são e salvo e com algumas histórias interessantes para compartilhar com seus amigos e familiares.

Lembre-se de que, no final, tudo vai dar certo. Mas ter uma estratégia em mente ajudará a alcançar seus objetivos mais rapidamente, com menos stress e esforço. Imagine-se nos cenários possíveis. Pense sobre os filmes de viagem a que assistiu ou livros que leu, nos quais as pessoas se encontravam em circunstâncias difíceis. Mentalmente, imagine-se lá. O que você faria se estivesse no lugar dela? Sabendo disso, com antecedência e olhando para as opções e resultados possíveis, estará preparando sua estratégia.

Há uma grande diferença entre embarcar em uma viagem por um curto período de tempo ou por um período mais longo. O planejamento é essencial, sozinho ou acompanhado com a família. Se mudar com a família, planeje planos de saúde, escolas, vistos de trabalho, para não colidir com os regulamentos do país. Como será o responsável para ajudar a família a se estabelecer em sua nova vida o mais rápido possível, certifique-se de compartilhar o que aprendeu para que também se sintam suficientemente preparados e com as estratégias apropriadas. Quando deixamos de nos preparar adequadamente, podemos pagar um preço alto, financeira e emocionalmente. Estabeleça estratégias para lidar com o desafio financeiro, que é um grande problema no exterior. Desenvolva competências de gestão financeira para obter o melhor da experiência. Com uma viagem internacional, é inteligente considerar o custo e o valor das coisas.

Se você está pensando em uma mudança permanente, certifique-se de passar pelo menos dois ou três meses no país antes de emigrar. O vislumbre de uma viagem de férias pode ser suplantado com a experiência cotidiana da realidade do país. Toda decisão deve ser feita de forma inteligente e estratégica.

EMBARQUE JÁ • O MUNDO TE ESPERA

Certifique-se de que você tem visto e documentação necessária para o seu tipo específico de viagem e propósito. Viver ilegalmente em qualquer lugar pode custar-lhe muito mais do que apenas uma deportação.

Se viajar com qualquer medicação necessária, garanta o abastecimento por três meses e verifique os regulamentos do país quando ao uso do medicamento. Sempre carregue as receitas médicas.

SIM

- Crie um plano A, plano B, plano C e assim por diante. Considere cada resultado possível. Se necessário, continue até o plano Z.
- Seja flexível com mudanças de estratégias, se necessário.
- Faça a sua lição de casa. Obtenha as informações disponíveis antes de seguir viagem.

NÃO

- Não se desespere se o plano não funcionar como esperado. Mude a marcha, aprenda com a experiência, adapte-se ao novo plano e siga em frente.
- Não encare as lombadas pelo caminho como obstáculos eternos. Você provavelmente terá receio de uma nova cultura, mas lembre que é sempre um caminho. Mantenha a calma.
- Não desista. Mantenha-se focado em sua missão até alcançá-la. Qualquer mudança inesperada do plano abrirá a porta para uma nova experiência de aprendizagem. Não tenha medo, lembre-se de que tem estratégias.

CAPÍTULO DOIS

APOIO DA FAMÍLIA E DE AMIGOS

A questão não é de onde vem o apoio, mas se o enxerga.

Adriana Mirage

APOIO DA FAMÍLIA E DE AMIGOS

Quando falo em apoio, quero dizer ficar próximo a pessoas positivas e inspiradoras que possam promover, colaborar e ajudar nos nossos interesses. Jim Rohn disse: "Você é a média das cinco pessoas com quem passa mais tempo." Certifique-se de escolher sua equipe de apoio com sabedoria. Portanto, inspire-se em experiências de vida interessantes. Construa sua história com resultados positivos.

Expanda a sua definição de comunidade e abra seus braços para os novos amigos que entendem a sua motivação e o seu desejo de experiências multiculturais. Aqueles com as crenças limítrofes, medos e preconceitos não são as pessoas ideais para fazer parte da sua equipe. Você tem apoio familiar quando seus objetivos incluem destinos internacionais? Caso tenha membros de sua família morando fora do país, peça informações para ajudá-lo a descobrir o seu caminho. Se não tem família em seu destino internacional, encontre amigos.

Tanto em seu país de origem ou em um país estrangeiro, saiba o que significa ser um imigrante ou expatriado. Esteja disposto a ajudar as pessoas que estão passando pelas mesmas dificuldades. Entenda que muitas vezes precisam da mesma informa-

CAPÍTULO DOIS • APOIO DA FAMÍLIA E DE AMIGOS

ção de que precisou um dia. Esteja disposto a compartilhar. Esta é uma ótima maneira de se manter no circuito e colocar-se em uma posição privilegiada de contribuição. Saiba que ao fazer isso, quando precisar, alguém estará lá para retribuir sua bondade.

Se não tem amigos ou familiares que estiveram no exterior, crie a experiência. Isto é o que eu chamo de *networking* cultural. Use os recursos disponíveis na internet para viajantes e expatriados. Comunidades como *Couchsurfing*, *Hospitality Club*, *Internations* e tantas outras que se propõem a conectar pessoas de diferentes partes do mundo com interesse em viagens e intercâmbio cultural. Quando você viaja pelo mundo, pode interagir com pessoas ou solicitar hospedagem em várias cidades. No seu próprio país, pode redescobrir sua cidade, servindo de guia para viajantes. Além de oferecer hospedagem, terá a oportunidade de mostrar a sua cultura enquanto aprende mais sobre a cultura de seu hóspede. Junte-se a algumas das comunidades. É simples se registrar, criar um perfil e começar a se conectar com o mundo.

Internations é uma comunidade voltada para expatriados. Pessoas que, como eu, trabalham em diferentes países, conectam-se com outros expatriados de diferentes nacionalidades para saber de suas experiências, dificuldades enfrentadas, estratégias para se adaptar ao país, recursos na área específica, onde e como se socializar.

Couchsurfing é uma comunidade de viajantes em todo o mundo a qual está focada em hospedagem e intercâmbio cultural. *Couchsurfing* é um neologismo referindo-se à prática de um amigo hospedar o outro. Pela troca de hospitalidade, cultura e experiência de vida, *Couchsurfing* é uma ótima maneira de ver um país através dos olhos das pessoas locais. De seu website: "*Couchsurfing* é uma comunidade global de milhões de pessoas em mais de 100 mil cidades que compartilham sua vida, seu mundo, sua jornada. *Couchsurfing* conecta viajantes com uma rede global de pessoas dispostas a compartilhar, de maneira profunda e significativa, tornando a viagem uma experiência verdadeiramente social". Eu tive a honra de hospedar estrangeiros e ficar hospedada com pessoas incríveis por todo o mundo. *Couchsurfing* é uma rica experiência de conexões.

Quando estiver no exterior, certifique-se de manter contato com sua família e amigos. Mantenha-se informado sobre o que está acontecendo em suas vidas e não se esqueça de fazer parte dela. Tecnologia nos proporciona contato fácil. Não se isole, pois pode causar estresse e ansiedade nas pessoas que se preocupam com você. Procure falar de suas aventuras e responder às perguntas em menos de três minutos, ouça mais o que seus entes têm a falar e interaja com eles. Se você está se movendo para uma sucursal estrangeira de sua empresa, certifique-se de manter o relacionamento existente com seus colegas de trabalho e equipe. Não permita que o tempo e a distância separe-os na profissão.

Voltar para casa nem sempre é fácil. Saudade reversa e choque cultural na reentrada são bastante comuns. Muitas vezes nos sentimos mudados e desconectados. Sentir-se familiarizado novamente requer tempo. Isso é sinal de que já tinha se acostumado à nova cultura. A transição de volta para casa exige paciência e apoio.

Onde quer que você vá, mantenha a linha de pensamento de sua tribo. Defino como tribo um grupo com quem você se identifica e interage. Às vezes, pode ser a sua própria família ou o grupo de amigos; outras, o *couchsurfer* que veio visitá-lo ou a sua nova "família" no exterior. Os laços profundos que criamos com as pessoas durante nossa jornada nunca se romperão. Ao contrário, serão parte de sua vida para sempre. É por isso que os recursos acima são importantes na nossa trajetória de crescimento e de *networking* internacional.

Mantenha conexões vivas e ativas. Nunca pense: "Ok, agora que eu consegui o que eu queria, já não preciso mais ficar em contato". Em vez disso, tenha os canais abertos e fortaleça sua rede. Fique a par do que as outras pessoas estão fazendo, como estão se conectando e quais são as suas experiências. O mundo dá voltas e, com certeza, seus caminhos se cruzarão novamente.

CAPÍTULO DOIS • APOIO DA FAMÍLIA E DE AMIGOS

Meu grupo de apoio, ao qual chamo de tribo, conquistei viajando e me conectando com as pessoas dos países onde estive. Minha tribo provou seu valor mais de uma dezena de vezes durante minhas viagens. Desde pequenos solavancos na estrada a situações que me pareciam catastróficas, minha tribo esteve lá apoiando e ajudando. Amo cada um dos membros, que vivem espalhados pelo mundo. Onde quer que eu vá, tenho um teto para me hospedar e amigos com quem contar. É sempre bom saber que não estou sozinha. Eis a importância do *networking* internacional.

Um bom exemplo disso é quando preciso de ajuda em outro país para execução de um projeto. Eu já sei para quem ligar. Se a pessoa não puder ajudar, tenho certeza de que vai se empenhar em encontrar alguém que possa. Da mesma forma, meus amigos sabem que podem contar comigo se precisarem. Criamos um vínculo forte construído sobre uma base de apoio e suporte ao desenvolvimento mútuo. Muitas vezes recebemos ajuda de pessoas que nem conhecemos ou que não têm nada a ver com a nossa tribo imediata mas, por serem amigos dos amigos, estão dispostos a ajudar. Quando percebemos o poder de nossa contribuição em aliviar o medo ou a incerteza de alguém com atitudes que não nos custam muito, damos conta do nosso valor como membros da comunidade global. Este tipo de apoio faz toda a diferença na maneira como nos adequamos a novas culturas.

Como você pode encontrar este tipo de apoio? Criando-o através da construção de amizades e relacionamentos. Você deve se conectar com as pessoas e com as comunidades. Considere que tipo de comunidade tem o perfil certo para suas necessidades específicas e como pode contribuir.

Recomendo que se conecte a duas diferentes comunidades on-line para ver que tipo de discussão está acontecendo. Não tenha medo de fazer perguntas ou oferecer suas experiências. Quando encontrar pessoas que tenham coisas em comum, conecte. Esteja aberto para discutir seus planos. Esclareça o tipo de ajuda de que você precisa. Solicite informações de que gostaria de ter e pergun-

EMBARQUE JÁ • O MUNDO TE ESPERA

te se alguém já foi bem-sucedido na mesma missão. Você ficará surpreso com as respostas, especialmente se oferecer ajuda aos outros. Esta é uma regra para comunidade on-line ou local.

Caso 1: Maria e seu filho Anthony M., da Itália.

Maria nasceu em Nova York, em 1911. Filha de pais imigrantes, sua família mudou-se de volta para a Sicília, na Itália, em 1922, pois sentiam a falta de suas origens. Na infância, ela passou por todas as dificuldades que a pobreza que a II Guerra Mundial trouxe para a Sicília. Não tendo dinheiro suficiente para se casar, ela e seu marido "fugiram", em 1935. Na época, era a maneira de começar uma família quando não se podia pagar por uma festa de casamento adequada. Poucos anos depois, seu pai abandonou a família e Maria ficou responsável por seis irmãos e irmãs menores. A esta altura, ela e o marido tiveram três filhos: Joseph, Graziella e Anthony.

Durante a guerra, Graziella, com cinco anos, morreu de pneumonia. As esperanças de Maria em ter uma vida melhor na Sicília desapareceram lentamente. Começou, então, a montar uma estratégia para voltar à América em busca de um novo começo. Conseguiu empréstimo com dinheiro suficiente para comprar uma passagem para ela e seu filho mais velho, Joseph, com 10 anos na época. Tomou a decisão de levar Joseph, porque era maduro o suficiente para ir à escola e ficar sozinho em casa, enquanto ela estivesse trabalhando. Anthony tinha apenas cinco anos de idade na época e foi forçado a ficar na Sicília com seu pai. Assim que tinha que ser até que sua mãe, trabalhando duro em uma fábrica, foi capaz de economizar dinheiro suficiente para comprar a passagem de navio para que filho e marido se juntassem a ela nos Estados Unidos. A oportunidade veio um ano depois.

Maria estava determinada a viver na América, onde os filhos teriam chance de uma vida com mais oportunidades. Com trinta e oito anos, recomeçou sua vida. Trabalhou duro e juntou dinheiro suficiente para também abrigar seus irmãos e irmãs. Finalmente ela se encontrava em posição para ajudá-los a recomeçar. Alcançou muito mais do que tinha imaginado, ajudando a família através de sua determinação. Com sua personalidade genuína e sua abordagem positiva, era querida e respeitada por todos. Com sua incrível ética de trabalho, era a melhor operária. Proporcionou uma vida melhor para Joe, Tony, Silvia, Thomas, Frank e seus filhos. Anos depois, em seu funeral, em 2006, recebeu uma homenagem por ter dado a oportunidade de uma vida melhor aos seus entes.

Anthony, seguindo o exemplo de sua mãe, fez questão de aproveitar a oportunidade que ela lhe proporcionou e honrou os anos de trabalho duro de sua genitora, focada em dar a ele e seu irmão uma boa educação, sempre na esperança de um futuro melhor do que tinham na Sicília, na época. Como estrangeiro, passou pela dificuldade de encontrar o seu espaço, tanto na vida social como profissional, em uma nova cultura. Ainda se recorda do bairro pobre e dos momentos de humilhação que passou durante sua adaptação ao sonho americano. Lembra-se da bela garota pela qual se apaixonou na escola e da vergonha que sentia em não convidá-la para sair por não ter dinheiro nem para o cinema. Sua determinação para romper com o estigma de viver na pobreza o levou a fazer o que foi preciso para conquistar respeito e admiração no trabalho. Tornou-se um profissional bem-sucedido no mercado financeiro. Além de dar a seus filhos as melhores oportunidades, seguiu o legado de sua mãe estendendo ajuda e apoio para pessoas que trabalham duro, comprometidos em tornar a América um lugar chamado lar. "God Bless America"!

Caso 2: John A., do Reino Unido.

John é mais um dos meus clientes que foi morar em Dubai para gerenciar um grande projeto para a empresa na qual trabalhava. Sabia desde o primeiro momento em que chegou lá que não seria fácil se adequar. Lembra-se de ter dito para si mesmo:

EMBARQUE JÁ • O MUNDO TE ESPERA

"Eu poderia ficar aqui os próximos vinte ou trinta anos da minha vida". O contrato para aquele projeto era de cinco anos. Mas estava determinado a abraçar a experiência, trabalhara duro pela oportunidade de carreira, mesmo sabendo que a esposa odiava o lugar. Não importava o que tentasse, ela simplesmente não conseguia se adequar. Não queria se adequar. Sem o mesmo conforto e as facilidades com as quais estava acostumada em seu país, fez sua vida no exterior parecer miserável, focando em decepções e frustrações diárias. John, um ano antes de seu projeto ser concluído, voltou para o Reino Unido, para tentar salvar seu casamento.

Depois que voltou para casa, percebeu que não era o projeto ou a experiência de viver no exterior que estavam balançando seu casamento. Durante uma de nossas sessões, John me disse que perdeu o emprego e o casamento, mas se encontrou na experiência. Tomou a decisão de se recuperar e motivar a si mesmo. Encontrou emprego gerenciando um projeto diferente em outro país. Ainda se ressente do impacto que a experiência anterior teve em seu relacionamento. Agora está muito mais consciente das consequências de escolhermos uma pessoa que não tem os mesmos valores e objetivos de vida.

O exemplo ilustra que, se a experiência não for bem-avaliada, oportunidades podem se transformar em dor para ambas as partes. Portanto, uma conversa honesta com o seu parceiro é essencial quando se considera uma oportunidade no exterior. A mudança afetará a ambos e até mesmo toda a família. As necessidades de todos precisam ser consideradas e uma discussão deve incluir os sentimentos, pensamentos e crenças dos envolvidos.

Um aspecto importante que deve ser levado em consideração é a forma como os parceiros crescerão juntos. Como o movimento vai impactar as vidas e as carreiras? E se um dos cônjuges tem que desistir de seus empregos? Será que serão capazes de ajustar entre ter um emprego e passar a viver o tempo inteiro em casa em uma cultura totalmente diferente? Ser uma dona de casa no exterior pode ser muito diferente. E os filhos?

CAPÍTULO DOIS • APOIO DA FAMÍLIA E DE AMIGOS

Terão que fazer ajustes maiores que apenas as óbvias barreiras linguísticas. Será que vão se ressentir? Os ressentimentos que muitas vezes leva a pessoa a desistir de um trabalho no exterior podem aparecer pela saudade de familiares, amigos, estilo de vida e conforto. Mesmo tendo boas intenções, o aspecto emocional pode desempenhar um papel relevante no nosso progresso. Precisamos avaliar bem e descobrir se nossos parceiros estão dispostos a aprender uma nova língua, adaptarem-se às novas formas de viver e formarem novos amigos. Você pode se surpreender ao iniciar a discussão e descobrir que alguns deles nem sequer estão interessados em aprender uma nova língua.

Caso 3: Marina M., dos Estados Unidos.

Marina mudou-se a trabalho para a Coreia do Sul, mas diariamente conversava, por Skype, com Tatyana, a qual apoiava a viagem da irmã. A mãe, apesar de elogiar a decisão perante as amigas, demonstrava reprovação pela ausência, afinal se preocupava com a filha, a qual entendia a inquietação da mãe e se orgulhava disso.

A família era favorável à vivência de Marina no exterior e procurava colaborar para tornar a experiência da garota a melhor possível. Portanto, mantinha conexão no contato diário, no envio do que ela precisasse e no gerenciamento da conta bancária e da burocracia exigida no exterior. Marina reconhece o poder da amizade, principalmente da irmã. Aprendeu que ter amigos é o melhor que alguém pode pedir na vida. Conheceu muitas pessoas com diferentes perspectivas e histórias de vida para compartilhar. Sabe que agora tem amigos interessantes e dignos de confiança. Além disso, continua a enriquecer-se, abrindo sua mente para as histórias e as experiências ouvidas.

Quando saiu dos Estados Unidos pela primeira vez em direção à Coreia do Sul, seu maior medo era a solidão. Temia desconectar-se de sua família e não ter nenhum amigo por perto.

EMBARQUE JÁ • O MUNDO TE ESPERA

Agora, depois de dois anos, reconhece sua sorte em ter feito novos amigos e que seus laços com sua família continuam fortes, através de uma comunicação regular. Desenvolve seu *networking* internacional fazendo amigos no Brasil, que é o seu próximo destino. Com sua experiência já não sente mais os temores da solidão ou de se desconectar das pessoas queridas. Sabe que vai permanecer em contato com a sua família e os amigos que fez no Brasil a ajudarão na transição mais suave e agradável.

Marina conheceu um amigo através da internet, com quem mantém comunicação ativa via Skype. Ele está aperfeiçoando o inglês e ela, o português. Como ele adora cartões postais, sempre envia alguns da Coreia. Em troca, ele a ajudou na edição de documentos em português. Esta relação mostra fortes sinais de respeito mútuo e de assistência, que tem sido benéfica e divertida para ambos.

O que fazer se tem a intenção de viajar e trabalhar no exterior mas a família boicota seus sonhos? Meu conselho é que, conscientemente, isole a opinião dos familiares. Antes de permitir que suas emoções desfoquem a percepção, tenha clareza dos seus objetivos, metas a longo prazo, necessidades reais e sonhos pessoais de vida. Calcule o impacto de sua decisão sobre a vida das outras pessoas. A intenção da família é de protegê-lo das dificuldades que enfrentará. Mas isso não significa que a sua história deva ser vivenciada pelas outras pessoas, mesmo com laço de sangue. Se precisar explicar a diferença, faça com amor, mas com determinação. Lembre-se de que seus familiares podem ter tido uma experiência ruim e estão apenas tentando protegê-lo. No entanto, mantenha-se forte na decisão.

A família pode fazer parte da sua jornada, compartilhando informações e conselhos. Desta forma, você permite a participação de todos, demonstrando que o amor não pode inibir sonhos. Lembre-se de que entes queridos tendem a agir emocionalmente por medo e insegurança. Não tendo experiências internacionais, muitas vezes a única coisa que sabem é o que aparece nas notícias

CAPÍTULO DOIS • APOIO DA FAMÍLIA E DE AMIGOS

ou histórias que ouvem. A família pode ser um desafio, mas mantenha seus objetivos e navegue através de perguntas e objeções com diplomacia, esta é a melhor maneira de conseguir apoio. Seja paciente e compartilhe as informações que obteve através de suas pesquisas e de suas estratégias, mostre confiança na sua decisão. Compartilhe informações e emoções para que compreendam que você tem uma estratégia e está se preparando.

Discussões emocionais representam um desperdício de tempo e de energia. Em vez disso, tente ser compreensivo e sensível às preocupações e objeções. Explique firmemente o quanto isso é realmente importante para você e por que vai focar no objetivo. Compartilhe sua lógica. É possível que a sensação de segurança da família seja diferente do seu senso de segurança. Muitas vezes, as pessoas querem para você o que não puderam realizar na sua vida. Quando conseguir entender isso, perceberá que as preocupações são emocionais e não necessariamente baseadas em fatos. Portanto, não seja emotivo, concentre-se em seus objetivos e na estratégia que deve ser implementada para alcançá-los.

Para evitar uma ruptura dolorosa na relação, é necessário alimentar a comunicação e a conexão mútua. Faça o que tem que fazer para o seu desenvolvimento, mas mantenha o contato, compreenda os medos das pessoas que o amam. Sua correspondência irá acalmá-las. Se sair ou não com a aprovação de todos, com o tempo aceitarão. As pessoas aceitam a sua decisão a partir do momento em que começar a mostrar resultados. Quando isso acontece, as preocupações começam a se transformar em um profundo sentimento de orgulho.

Quando tomar decisão, mantenha o contato. Envie mensagens, cartões postais, fotos ou cartas. Faça isso regularmente. Mostre o que está fazendo e que está bem. Isso fará os familiares sentirem que se importa, que mantém a conexão e os laços afetivos. O mais importante é ser paciente, mas para não deixar que as pessoas o desmotivem. Em outras palavras, mantenha-se firme. Não dê ouvidos às pessoas que dizem "você não é capaz de fazê-lo, não é capaz de cuidar de si mesmo". Não permitia que o afastem de seus sonhos só porque têm sonhos menores.

Geralmente nos inspiramos e ouvimos as pessoas que admiramos. É importante avaliar se as opiniões são capacitadoras ou incapacitadoras, motivadoras ou desmotivadoras. Não deixe que o medo iniba seus planos, compartilhe a estratégia que escolheu para vencer os desafios. Passe confiança e mostre sua determinação.

Não importa se você vai ficar em casa ou viajar pelo mundo, é importante estar ciente do grupo de pessoas que escolhemos para passar nosso tempo. Se está cercado de pessoas que estão destruindo seus sonhos, saia dessa. Se o seu atual círculo de amigos inclui aqueles que estão tentando desencorajá-lo, que estão tentando tirar o seu poder, seus objetivos e seus sonhos, então é hora de se distanciar. Afaste-se e procure pessoas que sejam fontes de energia e entusiasmo.

Escolha pessoas que o capacitem, que o desafiem. Cerque-se de pessoas que vão inspirá-lo a chegar aonde quer ir, pessoas que ajudarão a pesquisar e obter mais informações, que estabeleçam conexão, que apoiem seus sonhos e sua missão. Você deve rodear-se de pessoas entusiasmadas com a sua aventura. A vida é muito mais fácil quando estamos cercados por pessoas genuinamente solidárias e realmente felizes por nossas conquistas.

SIM e NÃO

SIM

- Compreenda as razões familiares, preocupações e objeções.
- Esclareça suas decisões.
- Construa uma rede com pessoas que o apoiarão em seus objetivos.
- Conecte-se com aqueles que passaram por experiências semelhantes e tiveram sucesso.

CAPÍTULO DOIS • APOIO DA FAMÍLIA E DE AMIGOS

NÃO

- Não desista de seus sonhos e objetivos apenas para fazer outras pessoas felizes.
- Não se isole durante o período de planejamento. Conecte-se com aqueles que podem ajudá-lo a planejar.
- Não se isole enquanto viver no exterior. Aproxime-se de pessoas e se conecte a elas.
- Não perca a conexão com velhos amigos e familiares. Lembre-se de incluí-los em cartões postais e mensagens.
- Não se esqueça de sua vida familiar. Compartilhe a sua viagem, interesse-se pelos assuntos reais da família e alegre-se com os acontecimentos.

CAPÍTULO TRÊS

AUTOCONHECIMENTO E O ESTILO DE COMUNICAÇÃO

O início do autoconhecimento é reconhecer que seus motivos são os mesmos de outras pessoas.

Mason Cooley

AUTOCONHECIMENTO E O ESTILO DE COMUNICAÇÃO

Quando falo de autoconhecimento, refiro-me a uma compreensão da própria natureza, habilidades e limitações. Autoconhecimento é a percepção de si mesmo. É uma compreensão de suas próprias capacidades, caráter, sentimentos e motivações.

Enquanto você lê o capítulo, considere as seguintes perguntas: Qual a percepção que tem de si mesmo e dos outros? Como o seu estilo de comunicação define a forma como é percebido e percebe os outros? Você conhece o seu "tipo de personalidade"? Entende o seu estilo de comunicação? Você é capaz de persuadir e motivar as pessoas de forma eficiente? Quais são as situações que desencadeiam a sua impaciência? Você tende a falar mais ou ouvir mais? A sua linguagem coincide com suas emoções? Você tem senso de acuidade enquanto escuta alguém?

As perguntas acima têm de ser abordadas ao formular sua estratégia. Muitas vezes não temos conhecimento até que alguém aponta algo sobre nós. Escrever as perguntas e respondê-las traz um exercício de consciência de como lidamos com várias situações e experiências. Uma vez que sabemos como agir, é mais

CAPÍTULO TRÊS • AUTOCONHECIMENTO E O ESTILO DE COMUNICAÇÃO

fácil formular estratégias. Portanto, autoconhecimento é um fator importante em nossa jornada.

Aprender sobre os diferentes tipos de personalidade é a melhor maneira de interagir e se comunicar com eficiência. O autoconhecimento é uma ferramenta útil quando nos aventuramos pelo mundo. Neste livro, recomendo um instrumento de análise que pode usar para ajudar a identificar seu tipo de personalidade e a influência no seu estilo de comunicação.

Muitas pessoas acreditam que, no ato da comunicação, falar é mais significativo que ouvir, mas é exatamente ao contrário. Em uma conversa, preste atenção ao que a outra pessoa está tentando dizer através de sua linguagem corporal e expressões faciais. Nunca devemos pré-julgar, apenas ouvir. Quando envolvido na conversa, perceba as nuances e as emoções que estão sendo veiculadas com a mensagem. Gerencie a si mesmo e suas emoções. Esteja ciente de não interromper a pessoa quando estiver falando. Tipos de personalidade têm diferentes maneiras de se comunicar e reconhecer isso pode ser muito benéfico.

Caso 4: Kytka J., dos Estados Unidos.

Numa sessão gravada, Kytka compartilhou sua história, a qual está exposta a seguir.

Nós vivíamos na Costa Rica ao longo dos últimos cinco anos. Eu já tinha os meus documentos de residência em processo e estava apenas a alguns meses de conseguir nossa documentação permanente. Meus filhos e eu viemos para os Estados Unidos passar o feriado de Ação de Graças e visitar a família. Pretendia pegar os últimos pertences que tinha deixado armazenado quando me mudei. A Costa Rica tinha se tornado nosso lar e já havíamos comprado uma casa. Sabendo que tínhamos muitas coisas para trazer, a estratégia era ir aos Estados Unidos com uma bolsa e voltar para Costa Rica com quinze malas.

Fizemos uma bela visita. Passamos um tempo com a família e os amigos. Empacotamos as coisas que ainda tínhamos por lá, enviamos algumas coisas à Costa Rica e acomodamos o restante em quinze grandes malas. Por causa da preocupação com a quantidade de bagagem e conexões dos voos, decidimos ir diretamente para Miami para embarcar, e não em Tampa.

Minha mãe alugou uma van, acomodamos as crianças, as bagagens e saímos rumo a Miami às 2h30 da madrugada para pegar o voo às 9h30. Quando chegamos ao aeroporto, juntamos vários carrinhos de bagagens e descarregamos tudo. Despedimo-nos de minha mãe, que foi à locadora para devolver o carro. Uma amiga iria buscá-la no final da tarde para levá-la de volta a Tampa. Empurrando os carrinhos e as crianças, cheguei ao balcão da companhia aérea. Com as passagens e nossos passaportes em mãos, a atendente nos informou: "Sinto muito, você não pode voar hoje." "Por que não?"- perguntei. "Os passaportes de seus filhos vão expirar em 15 dias e deve ser válido pelo menos seis meses a contar da data da viagem."

Fiquei chocada. Olhei para os meus filhos cansados e muito assustados e para os três carrinhos carregados de bagagem. "Minha mãe se foi. Eu não tenho um carro e não conheço ninguém em Miami. Estou com toda a minha bagagem aqui nestes três carrinhos e meu marido está lá, na Costa Rica. E pior! Tenho um compromisso, devo estar no escritório de imigração pela manhã para pegar meus documentos de residência. Vivo lá há quase cinco anos. Não tenho para onde ir aqui. O que eu devo fazer?". A atendente, parecendo não se importar, foi muito desagradável. "Eu não sei o que dizer. Nós não podemos reembolsar seu bilhete, mas você poderá remarcar o seu voo". "E todas estas malas?"- perguntei. Ela me informou que eu poderia armazenar os itens no aeroporto por uma taxa, por até 24 horas. Precisava descobrir onde fazer isso. Então peguei as passagens de volta e fui tentar fazer algumas chamadas telefônicas. "O que

CAPÍTULO TRÊS • AUTOCONHECIMENTO E O ESTILO DE COMUNICAÇÃO

eu ia fazer?" Nunca, em um milhão de anos, teria sido capaz de sequer imaginar que algo parecido poderia acontecer.

Liguei para minha mãe e disse: "Por favor, faça a viagem de volta para o aeroporto." Felizmente ela ainda estava presa no tráfego e não tinha conseguido devolver o carro. Disse que levaria cerca de uma hora antes que conseguisse chegar ao aeroporto. Acomodei as crianças nos bancos e comecei a fazer ligações para tentar resolver meu problema com os passaportes. Quando minha mãe chegou, entramos no carro e fomos direto para o centro de Miami procurar o departamento de passaportes. As filas estavam enormes e todos pareciam cansados, e ainda não eram 10 da manhã. A senhora do balcão de informações, que conduzia as filas, disse: "Você vai ter que esperar duas ou três semanas, não pode resolver isso hoje." Mas eu pedi um número de senha assim mesmo.

Iniciou-se a espera, 10h30, 11h30, 11h55, é quase hora do almoço e o departamento fecharia em poucos minutos. Finalmente, uma mulher chamou meu número. No balcão, fui mal recebida por uma funcionária impaciente. Comecei a explicar a minha situação, da mesma maneira que no aeroporto há algumas horas. "Eu não moro mais aqui. Não tenho onde ficar. Eu tinha as passagens para um voo esta manhã que não fui autorizada a embarcar. Toda a minha bagagem ainda está lá. Eu entendo o processo, mas é que preciso renovar os passaportes de meus filhos e o pai não está presente, não tenho a certidão de nascimento deles e muito menos qualquer outra documentação adicional". Eu estava em pânico e exausta. Minhas palavras não estavam fazendo nenhum sentido, exceto que eu demandava urgência e estava me tornando agressiva, hostil e irritada. A mulher no balcão já tinha aguentado desaforo durante toda a manhã e, com a minha atitude, era evidente que não se importaria com minhas exigências ou necessidades. "Eu não me importo se você tem que fechar para o almoço em cinco minutos. Eu estou em pé desde às 2 da manhã e foi um inferno até agora. Esperei inutilmente neste escritório estúpido. Eu tenho que resolver isso agora. Vocês estão aqui para isso! "

Eu estava realmente passando do limite. Ela me olhou com o que parecia ser um sorriso enquanto se preparava para fechar o guichê e disse: "Você não vai resolver isso aqui hoje. Bom almoço!", e fechou o guichê. Perdi totalmente o controle. Estava tremendo, chorando e reclamando dizendo coisas como "é por isso que eu não moro nos Estados Unidos, nada se resolve aqui. Países do terceiro mundo são mais simples e funcionam mais porque as pessoas atrás do balcão são realmente humanas. Agora esta burocrata insensível não quer me ajudar. Eu só quero ir para casa...". No meio da minha frustração, comecei a resmungar todo tipo de obscenidades em espanhol para mostrar o meu descontentamento e desrespeito.

Meus filhos estavam com medo, minha mãe estava triste e chorando e eu estava fora de controle neste momento. Enquanto isso, a mulher do balcão de atendimento ao lado estava assistindo ao meu escândalo. Seu guichê ainda estava aberto. Ela começou a falar comigo em espanhol e com voz calma. Eu me senti aliviada e compreendida. "Venha à minha janela, por favor", disse ela. "Meu nome é Anna, sou imigrante cubana. Ouvi e entendo a sua situação. Meu irmão mora na Costa Rica. É realmente um país lindo, estive lá. Adoro visitar aquele país. Eu gostaria de ajudá-la, mas preciso que você se acalme para que possa me ajudar." Ela continuou: "Existe alguma possibilidade de que alguém que você conheça tenha acesso a uma cópia da certidão de nascimento das crianças e que possa ser enviado por fax junto à autorização assinada pelo pai dando permissão para que possam viajar?" Eu imediatamente comecei a conectar os pontos em minha mente para encontrar uma resposta a sua pergunta. "Bem, sim, meu marido tem tudo isso em casa, mas não temos um fax. Ele levará uma hora para chegar à cidade

CAPÍTULO TRÊS • AUTOCONHECIMENTO E O ESTILO DE COMUNICAÇÃO

mais próxima e conseguir enviar o documento". Ela disse: "Ótimo, enquanto nós estamos esperando por isso e o escritório está fechado na hora do almoço, quero que vá à rua e, ao virar a esquina, encontrará uma pequena farmácia onde poderá fazer as fotos necessárias para o passaporte, ficam prontas em 10 minutos. Duas lojas à frente, tem um lugar onde você pode receber os faxes. Peça a seu marido que mande os documentos nesta lista por fax e, em seguida, volte aqui com tudo." Ela me deu uma lista curta e um formulário que meu marido teria que assinar e reconhecer firma na Costa Rica. Continuou: "A funcionária que estava a atendendo deve voltar em 45 minutos, mas melhor você ter calma. Não volte para ser atendida por ela, pois provavelmente não vai ajudá-la. Ela acaba o turno às 15h30. Não volte até este horário. Comunique-se com o seu marido para que leve junte os documentos necessários, assine o formulário na frente de um notário e mande o fax assim que puder. Volte aqui às 15h45, vou chamá-la diretamente no meu guichê e, se os documentos chegarem, teremos o seu passaporte pronto dentro de uma hora.

Em questão de instantes, acalmei-me e recuperei o foco. A resposta da atendente e minha reação fizeram diferença no resultado. Aprendi que, quando você está lidando com uma situação onde outros tomam decisões burocráticas, o melhor é ser gentil, paciente e preparada. Por causa da minha frustração e atitude negativa com a primeira funcionária, ela optou por deixar de me informar que os documentos dos quais precisava poderiam ser enviados por fax. Estava em condições de tornar meu processo mais fácil ou mais complicado, e meu comportamento a ajudou a decidir. Olhando para trás, percebo que o que me parecia o fim do mundo era na verdade um desafio facilmente solucionável. Tudo o que precisava ser feito era que o meu marido assinasse um formulário e mandasse um fax com os documentos necessários. Mas a primeira funcionária não me apresentou esta opção, provavelmente, por causa de meu comportamento irritado, hostil e exigente. Minha energia negativa apenas a provocou mais. A senhora cubana teve uma perspectiva completamente diferente, baseada em sua própria experiência de vida. Deve ter entendido melhor o meu estado de pânico e minha frustração por não poder voltar para casa, enquanto tentava consolar os meus filhos cansados e famintos que estavam nos assentos chorando junto à avó, visivelmente chateada. A caçula repetia em prantos: "Eu nunca mais vou poder ver meu pai. Nunca mais vou ver meus bichinhos". Para minha sorte, sua diferente perspectiva e compreensão aceleraram e resolveram meu processo. Ela coordenou tudo de uma forma que nos permitiu fazer o equivalente a dois ou três dias de trabalho no âmbito de duas ou três horas. Graças a ela, conseguimos embarcar em um voo na mesma noite a caminho de casa."

A história de Kytka é uma perfeita ilustração da importância de manter a calma quando se viaja ou se lida com diferentes culturas. Lembre-se sempre de que - desde o processo inicial ao pedir um visto até uma consulta médica - tudo poderá testar os seus limites. Muitas coisas o tirarão da zona de conforto e testarão seu controle emocional. É muito importante estar consciente e não ceder ao drama de negatividade e impulsividade. O melhor conselho para lidar com a burocracia, seja qual for o país ou situação, é estar ciente de suas próprias emoções e dos níveis de estresse. Certifique-se de ser humilde em todos os momentos, pois é a maneira mais segura de obter melhores resultados, em qualquer lugar que você vá.

Não importa de que país você é ou o que língua fala, se houver uma diferença de linguagem que pode ser uma barreira natural quando se lida com agências governamentais ou burocráticas, lembre-se de nunca perder a calma, começar a gritar ou fazer ameaças. Com certeza, seu processo caminhará ao ritmo de tartaruga, será maltratado e rotulado como um "encrenqueiro". Muitas comunidades são pequenas e unidas e as notícias espalham rapidamente.

CAPÍTULO TRÊS • AUTOCONHECIMENTO E O ESTILO DE COMUNICAÇÃO

Agir com consciência alerta e inteligência emocional são ótimas ferramentas para uma viagem bem sucedida. Às vezes, é melhor parar e respirar profundamente até conseguir clarear a mente e recuperar o controle emocional. Enquanto espera pacientemente por sua vez, observe o que está acontecendo ao seu redor. Procure pistas ou dicas que poderiam ajudar a tornar sua experiência com um funcionário mais agradável - para você e para a pessoa do outro lado. Ser grosseiro, exigente ou emocional raramente ajuda, na verdade, só prejudica a sua situação e o afasta ainda mais do resultado desejado.

É importante conhecer qual seu tipo de personalidade em relação aos temperamentos. Se você sabe que tem características dominantes, significa que tende a demandar o controle de situações e espera uma resposta imediata. Baseado em suas expectativas, pode gerenciar melhor a sua experiência. O que você pode obter com antecedência para estar mais bem preparado? Organize seus compromissos ao longo de um período de tempo e assim por diante. Conhecer seu temperamento o ajuda a preparar-se para momentos de desafio, nos quais paciência e respiração profunda podem ser seus aliados.

É muito frustrante quando ouvimos: "não sei lhe informar" ou "você vai ter que sentar e esperar", mas reagirmos com raiva é a pior coisa que podemos fazer. Neste momento é importante usar o pensamento crítico mas, acima de tudo, controlar suas emoções. Entenda que, quando estiver no exterior, precisará contar com essa habilidade muito mais do que em seu país de origem. Se deparar com uma situação que está incitando a sua frustração, responda a ela com sabedoria e um nível diferente de energia. Esteja ciente disso quando estiver olhando para a pessoa com que está interagindo. Mostre-lhe a sua humanidade e delicadeza. Seja humilde e calmo. Quando se comporta de uma forma humilde, as pessoas se sentem respeitadas e estão dispostas a ouvi-lo. Podem começar a ser desatenciosos ou até mesmo rudes, mas você tem o poder de mudar a conversa. Se

EMBARQUE JÁ • O MUNDO TE ESPERA

praticar a gentileza incondicional, ainda pode ganhar. Para ter razão, não levante a voz, escolha argumentos.

Na verdade, nunca sabemos o que o outro está passando. Às vezes, deparamo-nos com pessoas que chegaram a seu trabalho já frustradas com a própria vida. Se formos nos unir às razões que vão ampliar a frustração na vida delas, especialmente se não dominamos o idioma, acredite, não vai funcionar a nosso favor. É muito provável que tenham o que você precisa mas, pela sua atitude, não contribuirão para o processo ficar mais fácil. Quando não conseguir comunicar a sua mensagem para alguém por causa da diferença de idioma, tente reformulá-la, sem gritar ou falar mais alto. Voz alta pode ser percebida como raiva e ninguém quer negociar com uma pessoa com raiva. Exercite seu charme, sua paciência e sempre pratique a gentileza e boas maneiras, em casa e no exterior.

Em situações semelhantes, passei a ser uma observadora do comportamento humano e ganhei uma perspectiva de ambos os lados da janela. Uma vez estava em pé na fila com um grupo de americanos tentando renovar a estadia na China. Foi fácil perceber que eram inexperientes em situações como esta. Entraram com uma atitude de urgência como se dissessem "isso precisa ser feito agora, porque de onde eu venho é tudo muito rápido e eficiente, sou americano." Este é um exemplo perfeito do que nunca devemos fazer, pois perturba e agita as pessoas. Já presenciei situações semelhantes em vários países e com diferentes nacionalidades.

No entanto, se está prestando atenção, for humilde e realmente entender que talvez estejam tendo um dia duro mesmo antes de chegar ao trabalho, sua perspectiva mudará e terá mais habilidade para lidar com atrasos e dificuldades burocráticas. Coloque-se no lugar deles e imagine que já devem ter atendido a várias pessoas estressadas e exigentes antes de você chegar. É possível que ainda estejam chateados com a situação e, mesmo

CAPÍTULO TRÊS • AUTOCONHECIMENTO E O ESTILO DE COMUNICAÇÃO

que não tenha nada a ver com isso, é visto como mais uma pessoa cheia de exigências desagradáveis. O funcionário não tem nenhuma ligação com você e, de repente, está ali, um convidado no país e ainda gritando demandas "Eu quero isso, eu preciso aquilo e quero isso rápido!". Tais relações são perturbadoras para outras culturas pelas suas tradições e crenças. Muitas vezes tudo o que querem é se livrar do incômodo cliente. Lembre-se de que têm o poder e podem rejeitá-lo rapidamente, enviando -o para longe, fazendo-o esperar ou tornando tudo mais difícil.

A melhor estratégia é ser flexível, entender o trabalho que fazem e se conectar com a realidade deles. Diga-lhes que percebe que estão trabalhando da melhor forma possível para agilizar o processo, para obter os documentos necessários ou para ajudá-los. Lembre-se de agradecer, porque provavelmente estão fazendo o seu melhor. Da mesma forma que podem acelerar o seu sofrimento, também podem acelerar a sua alegria. Tenha isso em mente ao lidar com qualquer departamento público em todo o mundo.

Se disserem que as coisas levam tempo, diga-lhes que entende e sorria. Mostre que é paciente, aprecia o serviço e a boa vontade. Pergunte o que pode fazer na área, enquanto espera. Se gostarem de você, estarão mais dispostos a ajudá-lo no futuro. Agradeça os esforços e demonstre respeito ao dar sugestões. Ao sair de um desses departamentos de mãos vazias, perceberá que o mundo não gira só ao seu redor. Use isso como exercício de humildade para seu crescimento pessoal. Você pode esperar determinados resultados e formas de atendimento em seu país de origem, mas as coisas não são as mesmas quando viaja para o exterior.

Ao preparar-se para resolver algum problema, tenha em mente a realidade. Nós não sabemos quais recursos o funcionário possui e se tem autonomia. Geralmente são apenas funcionários fazendo o melhor que podem. Provavelmente tem um grande número de pessoas acima deles, que são os que tomam as decisões necessárias, que fazem as regras. Precisamos respeitar isso.

Sempre se comunique de uma forma mais suave e delicada. É a melhor estratégia para obter resultado. Todo lugar que estive em minhas viagens, utilizando as estratégias compartilhadas no capítulo, consegui experiências burocráticas menos frustrantes. Na verdade, calma ao se comunicar com outras pessoas torna as relações mais agradáveis e eficientes em qualquer país.

Quando pensamos em comunicação, temos que levar em consideração a comunicação não verbal. O que consideramos como comportamento adequado e normal em nossa cultura pode ser visto como anormal ou mal educado em outra. Coisas simples, como um sorriso, podem levantar suspeitas. Pessoas na Rússia podem considerar um sorriso para estranhos em público um comportamento incomum e desconfiado, ao passo que nos Estados Unidos transmite um "obrigado" ou um "olá". Nas culturas asiáticas, a crença geral é que não é adequado demonstrar as emoções abertamente, de tristeza ou dor, de felicidade ou alegria. Os asiáticos empregam poucas palavras, enquanto os americanos ou os europeus usam muitas palavras e expressões corporais. Portanto, observe se sua mensagem foi compreendida. Ter a garantia de ser compreendido e de entender o outro é importante. Nunca presuma entendimento. O autoconhecimento é importante para o seu sucesso na criação de relacionamentos e em interações multiculturais.

Geralmente, temos uma percepção diferente das pessoas com quem interagimos, derivada do seu modo de comunicação e reação. Presumimos que a partir do momento em que comunicamos alguma coisa a alguém, que o outro assume a responsabilidade de entender o que foi dito. Nós nos ressentimos quando o interlocutor não reage como esperávamos. Isso é fácil perceber em nosso país. Você pode imaginar a mesma situação em uma cultura e língua diferentes? A comunicação entre amigos, familiares e colegas de trabalho pode ser um desafio, imagine o que acontece quando adicionamos a variante cultural nesta equação. Algo tão comum e simples quanto pedir a con-

CAPÍTULO TRÊS • AUTOCONHECIMENTO E O ESTILO DE COMUNICAÇÃO

ta em um restaurante no exterior poderia facilmente se tornar uma experiência frustrante se não levar em consideração as implicações culturais relacionadas à forma ou ao tom específico de voz que a pessoa usa. Quando estamos trabalhando em um país estrangeiro, devemos ajustar-nos ao estilo de comunicação geral, a fim de ser apreciado e respeitado.

Um fator importante é a forma como nos comunicamos e ouvimos a comunicação, e não apenas o conteúdo da mensagem. Tire um tempo para avaliar o tom da sua voz, a cadência e o vocabulário específico que usa para expressar sua personalidade e seu temperamento, a fim de criar uma moldura para a sua imagem. Isto é um bom exercício de autoconhecimento e uma boa avaliação de sua personalidade real. Você tem consciência de que seu estilo de comunicação amplia o seu estado emocional?

Ao considerarmos a comunicação um ingrediente básico nos relacionamentos, devemos assumir a responsabilidade de nosso sucesso ao interagir com as pessoas. Podemos assumir a responsabilidade ao nível de comunicação. Se a tentativa de nos comunicarmos é mal compreendida, temos que rever a maneira como estamos nos expressando, considerar o nosso perfil de personalidade e o perfil do nosso interlocutor. Este conhecimento nos permite identificar padrões específicos de comunicação, audição e absorção durante um diálogo. Reconhecer e identificar o padrão de temperamento e personalidade de nosso interlocutor nos permite desenvolver uma estratégia de comunicação adequada, que por sua vez nos proporcionará resultados mais efetivos.

A comunicação é sempre muito mais do que as palavras que escolhemos dizer. Embora seja útil conhecer boas expressões idiomáticas e frases, lembre-se de que a comunicação também inclui movimentos e gestos, contato visual, expressão facial e a maneira como nos vestimos. A comunicação inclui a energia que emana enquanto nos expressamos. Há momentos em que podemos tentar controlar o que dizemos mas, quando a nossa energia não é boa, as pessoas podem senti-la, por isso que as coisas às vezes podem não sair como o esperado. Nosso estilo de comunicação deve estar alinhado às palavras que estamos dizendo. Se estivermos dizendo uma coisa, mas a nossa cara mostra outra, a pessoa vai ter a sensação de que algo está errado, não estamos sendo congruentes. Quando você está consciente do seu tipo de personalidade, torna-se mais fácil entender qual a influência que seu estilo de comunicação pode causar.

Qual o estilo de comunicação adequado para uma pessoa com traços de personalidade dominante? E para uma pessoa com traços de personalidade paciente? Qual é a diferença na comunicação entre uma pessoa analítica e uma não analítica? Talvez a personalidade do analítico necessite conhecer os detalhes antes de tomar uma decisão, enquanto outra pessoa menos analítica está satisfeita com uma visão geral. Assim também ocorre na diferença entre a forma como uma pessoa extrovertida ou introvertida explicaria a mesma situação. A percepção de nós mesmos pode oferecer chaves importantes para uma comunicação mais significativa e produtiva. Conhecer os seus pontos fortes e fracos vai ajudá-lo a ser capaz de influenciar conversas para obter os resultados que está procurando.

Enquanto dava aula na Florida Christian University, em Orlando, pesquisei vários testes de personalidade que estavam disponíveis no mercado. Optei pela conveniência do SOAR HDT pela simplicidade, clareza na aplicação e eficiência dos resultados. Experimentei vários instrumentos e encontrei uma ferramenta tão poderosa que decidi aprofundar o meu conhecimento na área e me tornei um SOAR Advanced Certified Practitioner pelo SOAR Global Institute localizado em Orlando, Flórida.

Quando completamos o questionário para descobrir o perfil de personalidade, sabemos que não existem respostas certas ou erradas. Pelo contrário, existe uma combinação de respostas

CAPÍTULO TRÊS • AUTOCONHECIMENTO E O ESTILO DE COMUNICAÇÃO

que nos ajuda a identificar o nosso próprio temperamento e a melhor maneira para nos comunicarmos com os outros.

As quatro categorias principais que são avaliadas com base no levantamento SOAR HDT são Dominância, Extroversão, Paciência e Analítica. Como mencionei antes, os quatro tipos têm características positivas e negativas que, em combinação, delineiam os pontos fortes e fracos de cada indivíduo em particular. A pesquisa SOAR HDT apresenta uma análise da interação de traços de temperamento e como isso influencia a personalidade do indivíduo, estilos de comunicação e relações interpessoais.

SOAR HDT foi apresentado em mais de 40 países ao redor do mundo, com resultados extraordinários.

Os benefícios gerais do SOAR incluem:

- Aprender a apreciar os pontos fortes no comportamento e níveis de ajuste.
- Melhorar a capacidade de comunicação, determinando diferentes estilos.
- Desenvolver planos eficazes para reforçar as áreas pessoais, profissionais ou de crescimento.
- Compreender os níveis de energia de forma eficaz em suas tarefas diárias.
- Ajudar a criar competências no desenvolvimento de liderança.
- Aperfeiçoar técnicas eficazes ao lidar com o conflito.
- Ampliar o desempenho da equipe e reduzir o conflito na dinâmica diária.
- Aumentar as estratégias para a valorização da diversidade no local de trabalho e na vida diária.
- Propagar as competências de vendas por compreender os comportamentos dos clientes.
- Melhorar as relações em todos os níveis.

EMBARQUE JÁ • O MUNDO TE ESPERA

A pesquisa SOAR HDT consiste de 48 questões e alternativas com níveis de intensidade variável. Todas as perguntas devem ser respondidas para alcançar um resultado. Normalmente, é a primeira resposta ou reação que é a mais adequada, uma vez que também é a resposta mais intuitiva. Na primeira fase, deve-se responder descrevendo como a pessoa realmente é quando não está sob pressão. Deve-se então selecionar um ambiente (casa, escola ou trabalho) para a análise e responder à segunda parte da pesquisa descrevendo o que é exigido da pessoa no ambiente de trabalho, por exemplo. Como resultado, obtemos um gráfico de intensidade de traços que nos dá uma representação visual dos diferentes traços de temperamento, incluindo o perfil, o tipo de personalidade com características e padrões primários e secundários; várias combinações de traços, a percepção adicional, as necessidades, a motivação e assim por diante.

Para conhecer o instrumento de estudo SOAR HDT e descobrir mais sobre você, seu tipo de personalidade, estilo de comunicação e as melhores estratégias para desenvolver e melhorar seus pontos fortes, convido-o a visitar o meu site em www.AdrianaMirage.com.

Os termos utilizados no instrumento SOAR são baseados na teoria dos antigos quatro humores gregos:

- Dominante (pode ser comparado ao Colérico)
- Extrovertido (pode ser comparado ao Sanguíneo)
- Paciente (pode ser comparado ao Fleumático)
- Analítico (pode ser comparado ao Melancólico)

Existem diversos fatores que moldam a personalidade de uma pessoa e o temperamento é apenas um deles. Existem aqueles que acreditam que as pessoas nascem com características típicas de temperamento que influenciam a sua personalidade de acordo com o ambiente e a capacidade de adaptação.

CAPÍTULO TRÊS • AUTOCONHECIMENTO E O ESTILO DE COMUNICAÇÃO

Todas as características de temperamento têm os mesmos níveis de importância, mas são separadas em diferentes perfis, dependendo da combinação variada de características. Estes níveis reconhecidos de autoconhecimento e autocontrole podem determinar as chances de sucesso em vários níveis de relacionamento. Não existe um perfil de personalidade ideal, mas é bom identificar e entender nossos pontos fortes e os pontos a serem desenvolvidos.

Todos os perfis podem assumir a liderança: o tipo dominante e o extrovertido podem liderar pela inspiração, enquanto o tipo analítico e o paciente liderarão pelo exemplo. Todo indivíduo tem as quatro características em diferentes graus. Por natureza, temos a tendência de expressar certos traços de maneira um pouco mais forte que os outros. No entanto, também temos a capacidade de adaptar-se de acordo com as circunstâncias e as necessidades. É por isso que é importante focar em fortalecer os aspectos positivos e não se perder tentando corrigir os pontos fracos. Valorizar nossos pontos fortes é uma grande estratégia que nos ajuda a superar uma série de desafios.

Identificar o próprio perfil e o das pessoas que o rodeiam ajudará a reconhecer as necessidades dos outros e ajustar seu comportamento, a fim de melhorar as suas relações, a sua comunicação e a sua produtividade.

Perfil de um Temperamento Dominante

O perfil de temperamento dominante (ou colérico) refere-se a uma pessoa que se dedica a resultados. O dominante tem vários traços de identificação, alguns estão listados abaixo:

- Fica entediado facilmente.
- Gosta de mudanças e desafios.
- Baseia suas avaliações pessoais sobre as realizações.

- Odeia indecisão e prefere respostas diretas.
- Gosta de correr riscos.
- Tem altos níveis de autoestima.
- Tende a ser rápido e impaciente.
- Tem altas expectativas de si próprio e dos outros.
- Odeia indecisão, sendo enfático e exigente.
- Tem pensamento rápido, ativo e prático.
- Autossuficiente e independente de espírito.
- Tem sangue quente.
- Possui intensa força de vontade.
- Toma decisões para si e para os outros facilmente.
- Necessita de menos tempo de sono que os outros.
- Apresenta característica de produtividade inesgotável.
- Apresenta ideias visionárias, inspirações, planos e estratégias para alcançar as metas.
- Possui objetivos que são geralmente de ordem prática.
- Tem um forte senso de propósito.
- Parece, muitas vezes, mais lento no fortalecimento das relações interpessoais, devido à tendência de priorizar tarefas diante das pessoas.
- É líder natural, no entanto, às vezes tende à crueldade por não ser capaz de entender a sensibilidade e as necessidades dos outros.
- Tem dificuldade em se desculpar ou mostrar aprovação e reconhecimento.
- É impulsivo, podendo dizer e fazer coisas que podem ferir os outros.
- É orgulhoso, justificando sempre suas decisões, mesmo em um ato impensado.
- Esforça-se para garantir um bom resultado.
- É o mais provável a explodir em um momento de raiva que os outros temperamentos.

CAPÍTULO TRÊS • AUTOCONHECIMENTO E O ESTILO DE COMUNICAÇÃO

- Guarda rancores por um longo tempo.
- Tem capacidade de executar uma tarefa ou concluir um projeto baseado em um estilo militar da disciplina, objetividade e comprometimento.
- É intuitivo e responsável.
- Aprecia a lealdade de seus seguidores, um senso de controle, profundo apreço e reconhecimento por um trabalho bem feito.

Por ter altos níveis de energia e paixão, um dominante tende a querer motivar os outros, mas muitas vezes se sente frustrado por não conseguir a excelência desejada. Mudanças de humor ocorrem com frequência em um dominante, que é resistente a trabalhar sob pressão e não se sente intimidado pela opinião dos outros. Um tipo dominante está sempre focado em resultados.

Perfil de um Temperamento Extrovertido.

O temperamento extrovertido possui uma elevada necessidade de socializar e se sentir incluído. Outros traços de identificação estão listados abaixo:

- Varia entre ter controle e ser dependente.
- Toma decisões rapidamente.
- Vive a vida com paixão e otimismo.
- Possui um senso natural de curiosidade.
- Tem uma alegria infantil com as coisas ao seu redor.
- Apresenta energia positiva, leva tudo para o lado positivo.
- Sente-se devastado durante os períodos de não-motivação, os quais não acontecem com frequência nem duram muito tempo.
- É sempre amigável com os outros.

- Gosta de contato físico, como apertos de mão e abraços com os amigos.
- Identifica os introvertidos na sala e se aproxima tentando trazê-los para o grupo em situações sociais.
- Vive no presente.
- Ama com paixão.
- Esquece rapidamente.
- Tende à indisciplina e desorganização.
- Tende a dizer "sim" quando, na verdade, a resposta é "não".
- Fica ansioso para agradar.
- Prefere não pensar em consequências.
- Pode ser emocionalmente instável.
- Pode facilmente perder a motivação,
- Tenta encontrar uma desculpa e sentir pena de si mesmo.
- Muda de ideia com facilidade.
- Muda as regras do jogo e age como se nada tivesse acontecido, esperando que os outros não deem conta.
- Pode ser extremamente charmoso e ganhar os corações das pessoas com muita facilidade, no entanto está sempre tentando alimentar seu ego.
- É egocêntrico e tende a aumentar com a idade.
- É dependente e tem as necessidades emocionais de reforço constante, amor e apreço.
- Sofre tentações da carne com mais frequência que os outros temperamentos.
- Tem necessidade de sentir o contato físico e receber atenção.
- É interessado em novidades e inovações.

O extrovertido se comunica de uma forma muito dinâmica e vibrante. A personalidade está sempre atenta e apresenta-se como um vencedor. Gosta de falar sobre recompensas e realizações.

CAPÍTULO TRÊS • AUTOCONHECIMENTO E O ESTILO DE COMUNICAÇÃO

Perfil de um Temperamento Paciente

O temperamento paciente é um amante da paz, da harmonia e da estabilidade. Não gosta de mudanças de planos na última hora e tem uma forte aversão a qualquer tipo de conflito. Outros traços de identificação incluem:

- É metódico.
- Fica deprimido com a vida caótica.
- Fica preocupado com o bem-estar do grupo.
- Tende a acompanhar o grupo; se os outros estão bem, ele está bem.
- É calmo e não demonstra emoções.
- Tende a ser tímido. Prefere ouvir e observar a interagir em ambientes sociais.
- Denuncia a necessidade de planejamento e eficiência.
- É ótimo ouvinte e observador, com tendências analíticas, habilidades administrativas e diplomáticas.
- Expressa-se com cautela.
- Inclina-se para opiniões mais pessimistas sobre os fatos.
- Não toma decisões até estar certo e seguro sobre algo.
- Apresenta, às vezes, preguiça ou indecisão.
- É amigável, mas não expõe as emoções.
- Não busca, geralmente, posições de liderança; no entanto, quando eleito para o cargo, mostra-se grande líder.
- Satisfaz as necessidades humanas para os resultados analíticos.
- Tem um lado humorístico.
- Atrai pessoas pela sua simplicidade e sua disponibilidade.
- Pode ser preguiçoso ou lento para agir.
- Tende a procrastinar.
- Deixa a indecisão afetar seus resultados.

- Gosta de agradar a todos e tem medo de ofender alguém com suas decisões.
- Leva mais tempo para pensar e analisar um projeto que em tomar medidas para alcançá-lo.
- Tende a ser silencioso e inflexível como uma forma de rebelião.
- Cala-se diante de uma ofensa ou se é forçado a uma necessidade de mudança.

O temperamento paciente não gosta de qualquer tipo de autossacrifício e não se envolve emocionalmente. No entanto, tem um forte apreço pela família e amigos mais próximos.

Perfil de um Temperamento Analítico.

O temperamento analítico é sistemático nas relações e tende a ser perfeccionista. Sempre procura por excelência e alta qualidade, pois possui expectativas muito elevadas de si mesmo e dos outros. Outras características de identificação incluem:

- Expressa suas decisões baseadas na lógica.
- Não expressa opinião a menos que tenha certeza absoluta.
- Aprecia precisão e verdade.
- Concentra-se nos detalhes e fatos.
- Faz planos eficientes para resolver problemas. É persistente, disciplinado e organizado.
- É reconhecido por sua lealdade, integridade e diligência.
- Gosta de ter métodos validados e discutidos passo a passo.
- É sensível e criativo.
- É um perfeccionista.
- Está sempre buscando uma segunda chance para provar que os resultados poderiam ser melhores.

CAPÍTULO TRÊS • AUTOCONHECIMENTO E O ESTILO DE COMUNICAÇÃO

- Tende a ser realista-pessimista, ao discutir projetos, antecipando eventuais problemas ou desafios futuros.
- Possui um pequeno grupo de amigos íntimos.
- É muito fiel e leal aos amigos que possui.
- Está presente quando necessário.
- Pode-se sempre contar com ele.
- Tende à instabilidade emocional.
- Machuca-se facilmente.
- Muda rapidamente de humor.
- Fica tão envolvido no trabalho que aqueles ao seu redor se sentem ignorados ou esquecidos.
- Tende a se vingar quando se sente ofendido.
- Guarda rancor e, quando provocado, machuca os outros.
- Sabota um projeto se ofendido pelo líder.
- Apresenta dificuldade de se comunicar.
- Tem dificuldade em expressar sentimentos.
- Nutre sentimentos profundos e sinceros por amigos próximos e familiares.

A perda de um relacionamento pode ser devastadora para um analítico e pode conduzir à depressão profunda. As necessidades íntimas de um analítico devem ser totalmente compreendidas, aceitas e apreciadas.

SCANNERS E ESPECIALISTAS

A autora Barbara Sher, em seu livro "Refuse to Choose", desmistifica outra abordagem muito interessante para os tipos de personalidade quando introduz conceito inicial de 'Scanners' e 'Especialistas'.

Os Especialistas são aqueles que conseguem facilmente identificar uma paixão ou área de interesse e concretizá-la. Tendem a se concentrar em uma carreira ou área de estudo específico e ficam satisfeitos com a escolha. Podem aprender um idioma rapidamente quando despertam interesse. Gostam de ter domínio do tema.

Scanners são exatamente o oposto. Têm um modo muito especial de pensar. Possuem um cérebro multitalento e áreas de interesse diversas e cíclicas, dificultando a tomada de decisão. Às vezes, parece impossível escolher apenas uma área de estudo na vida. Para eles, a ideia de fazer a mesma coisa sempre é pior que a prisão. O ponto forte dos *scanners* é que são pessoas muito criativas, adaptativas e costumam fazer bem o que se propõem.

Durante o período do Renascimento, personalidades com traços *scanners* eram altamente reverenciados e respeitados, como o caso de Leonardo Da Vinci. *Scanners* têm estilos diferentes de interesse e não estão preocupados em comprovar um ponto específico. A individualidade, a criatividade e a expressão artística foram muito honradas na era renascentista. No entanto, durante a era industrial, os especialistas se tornaram os mais reverenciados e respeitados, porque as pessoas eram valorizadas pelas profissões práticas, a mesma coisa dia após dia, de forma consistente, como operários de fábricas, por exemplo. Naquela época, as habilidades garantiam que o trabalho seria bem feito. As pessoas que trabalhavam com previsibilidade eram mais apreciadas por serem especialistas em algo.

Especialistas têm dificuldade em entender os *scanners*. Acham muito estranha a necessidade que o *scanner* tem de ir a tantos lugares ou fazer tantas coisas diferentes. Questionam por que uma pessoa não escolhe uma só coisa e sossega. Por outro lado, os *scanners* não entendem por que alguém quereria apenas um tipo de experiência de vida. O problema geralmente acontece quando, por exemplo, um casal consiste em um *scanner* e um especialista.

Ao longo da história, existiram fases de destaque para ambos: Scanners e Especialistas. Cem anos atrás, éramos muito felizes em

CAPÍTULO TRÊS • AUTOCONHECIMENTO E O ESTILO DE COMUNICAÇÃO

ter um médico que podia curar tudo. Cuidava dos idosos, dos homens, das mulheres e das crianças. Ajudava a curar o doente e também cuidava do nascimento dos bebês. E, se fosse necessário, também medicava vacas e galinhas. Com o desenvolvimento da sociedade, veio a necessidade de especialistas. Hoje nos consultamos com uma variedade de médicos, cada um com sua especialidade. Visitamos um para os olhos e outro, para o estômago. Nós temos as nossas dores lombares tratadas por um médico ortopedista e nosso coração examinado por um cardiologista.

Ter um especialista em uma função determinada gera conhecimento sobre o que está fazendo. Individualmente, o trabalho é perfeito mas, se pensarmos em grupo, no qual as pessoas assumem funções, as adaptações para aquele que só conhece uma parte do sistema são complexas. Portanto, mudanças não são positivas para os Especialistas, já os *scanners* adoram.

Quando li o primeiro livro de Barbara percebi que, por ser uma viajante global, tinha conhecido tantos *scanners* na minha vida, reconheci que também sou uma *scanner*. Descobri, através de dados recolhidos com clientes e amigos, que *scanners* têm uma tendência natural em se tornarem cidadãos globais por adorarem mudanças, diversidade e serem muito curiosos.

Inúmeras vezes ouvi de viajantes internacionais que não se sentiam parte de nenhuma cultura específica ou estereótipo profissional. Por viverem movimentando-se com tanta frequência, têm sido vistos como os que não sabem o que querem na vida. Sentem-se frustrados com as expectativas da sociedade ou da sua família, gerando sentimentos de inadequação e impropriedade. Mas se sentem liberados quando entendem que têm uma função diferente e muito especial. Podem aprender mais do que uma língua ao mesmo tempo. São criativos e gostam de resolver problemas. Facilmente se ajustam a diferentes ambientes. A emoção e a energia crescem a cada nova mudança e desafio.

Uma vez que o individuo se identifica como sendo um tipo de personalidade "Scanner", pode haver uma mudança profunda em toda a sua perspectiva de vida. Um dia ele se sentia insignificante e sem foco; noutro, competente e flexível em um mundo que está esperando para ser descoberto e não para assustá-lo. Isso é emocionante! "Para *scanners*, o mundo é como uma grande loja de doces, cheia de oportunidades fascinantes, e tudo o que querem é chegar e encher seus bolsos." (Barbara Sher (2007), Refuse to Choose).

Então, por que os *scanners* são mais adaptáveis? Porque são bons em adaptar-se a qualquer função. O principal problema com *scanners* não é a aprendizagem de novas habilidades - aprendem rápido e tudo o que fazem, geralmente, fazem bem -, mas o fato de ficar no mesmo lugar fazendo a mesma coisa para o resto de suas vidas. O período médio de um *scanner* para permanecer feliz fazendo uma mesma coisa é de aproximadamente dois anos. Depois disso, começa a perder o foco, a energia e procura um novo desafio, porque é movido pela curiosidade.

Scanners têm um enorme desejo de entender como as coisas são e como uma coisa se liga a outra. É por isso que *scanners* são importantes quando estamos falando sobre o desenvolvimento de uma mentalidade global. É o tipo de personalidade *scanner* que desenvolve as habilidades com facilidade, pois quer sempre saber mais. Provavelmente, nunca serão Especialistas, interessados em estar em um só lugar e fazer apenas uma coisa.

Você se vê como um *Scanner* ou um Especialista?

SIM & NÃO:

SIM

- Pesquise para saber mais sobre o seu tipo de personalidade e estilo de comunicação.
- Procure clareza em sua autopercepção. Como você se vê? Como as pessoas o veem?
- Aprenda a identificar o estilo de comunicação das pessoas e prepare-se para interagir de acordo.

CAPÍTULO TRÊS • AUTOCONHECIMENTO E O ESTILO DE COMUNICAÇÃO

- Reflita sobre o quanto, em um comportamento, trata-se de tipo de personalidade ou aspectos culturais, tanto seu como do seu interlocutor.
- Exercite diariamente suas habilidades em ouvir e entender.

NÃO

- Não se preocupe em estar certo o tempo todo. Às vezes, pagamos um preço alto por isso.
- Não levante a voz, use sua mente para melhorar seus argumentos.
- Não tire conclusões até que esteja realmente certo de que seu interlocutor explicou todas as suas razões.
- Não faça suposições, peça explicações claras.

CAPÍTULO QUATRO

HABILIDADES SOCIAIS E COISAS EM COMUM

A mais básica de todas as necessidades humanas é a de compreender e ser compreendido.

Ralph Nichols

HABILIDADES SOCIAIS E COISAS EM COMUM

As habilidades sociais nos ajudam a facilitar a interação e comunicação com os outros. É a capacidade que desenvolvemos em criar *rapport* e persuadir, sem conflito ou desarmonia. Comunalidade é a qualidade de ter coisas em comum. Também temos atributos ou características que partilhamos com outras pessoas. Comunalidade é a manifestação de atributos comuns entre duas ou mais pessoas.

Enquanto passa pelo capítulo, considere as seguintes perguntas: Você é uma pessoa social? Envolve-se em uma conversa com estranhos facilmente? Iria a uma festa ou evento onde não conhece ninguém? Nunca é demais reforçar a importância da socialização entre os expatriados, bem como com os habitantes locais. Mantenha sua vida social o mais internacional possível. Muitas vezes, descobrimos que não basta falar o mesmo idioma para compartilhar interesses em comum. Então o aconselho a procurar a sua tribo independente da sua nacionalidade. Mantenha seu senso de humor, deixando sua mente e seu coração abertos para uma variedade de experiências.

É sempre uma boa ideia aprender o básico do idioma local antes de viajar. Você não precisa dominar a língua, mas conhe-

CAPÍTULO QUATRO • HABILIDADES SOCIAIS E COISAS EM COMUM.

cer pelo menos um pouco vai levá-lo longe. Ajuda a impressionar a população local, pois mostra um interesse pela cultura, ajuda a iniciar uma conversa e a conectar.

Caso 4: Adriana M., do Brasil, e Mario M., da Jamaica.

Deixem-me contar outra experiência. Há alguns anos realizei uma viagem para a Tanzânia com o meu querido amigo Mario e um pequeno grupo de amigos do Brasil. Mario nasceu na Jamaica, mas agora, como eu, vive nos Estados Unidos. Nossa viagem incluía planos para escalar o Monte Kilimanjaro, a mais alta montanha do continente africano. Todo ano mais de 35.000 pessoas escalam o pico mais alto da África. Tomamos a decisão porque a escalada não requer nenhum conhecimento técnico ou equipamento especial e queríamos compartilhar a experiência.

Decidi chegar lá alguns dias antes que o resto do grupo, pois queria ter a oportunidade de conhecer e me relacionar com a comunidade local. Nossa programação sobre a escalada era muito apertada e eu queria saber mais sobre a área onde estaríamos. Mario, um homem negro muito bonito e simpático, com os modos de um verdadeiro cavalheiro, decidiu também pegar o voo mais cedo para me acompanhar.

Assim que chegamos ao hotel na cidade de Moshi, no sopé do Monte Kilimanjaro, tomamos um banho para nos refrescarmos e saímos para explorar a cidade. Descobrimos que as lojas estavam fechadas. Ficamos sabendo que abririam no final da tarde, quando os grupos voltam dos seus passeios em direção aos hotéis da região. Enquanto caminhávamos pela cidade, comecei a perceber que as pessoas nos olhavam com curiosidade e um sorriso nos lábios.

Notamos um homem, com uma aparência amigável, sorrindo e decidimos fazer algumas perguntas. Depois de um curto período de conversa, descobrimos que era um guia aposen-

EMBARQUE JÁ • O MUNDO TE ESPERA

tado. Embora tivesse apenas 37 anos de idade, sua saúde já não lhe permitia fazer a subida da grande montanha, devido às altitudes mais elevadas e mudanças na pressão do ar.

Ele continuou a compartilhar sua história e descobrimos que começou trabalhando como carregador, como a maioria naquela região. Conquistou sua oportunidade para ser um guia, depois de dez anos de empenho e dedicação. Depois de 15 minutos de conversa compartilhando sua história de vida e de família, teve a gentileza de nos convidar para acompanhá-lo a tomar uma cerveja e comer um churrasco. Mario estranhou minha expressão de felicidade ao responder ao convite "Sim, com prazer!".

Seguimos John, assim era seu nome, pela área do mercado de frutas e verduras da cidade, o qual estava localizado bem longe da principal área turística. Enquanto caminhávamos por ali, tivemos a honra de descobrir a verdadeira face da comunidade local. Ele nos levou a um pequeno bar-restaurante bem típico onde o cheiro apetitoso de churrasco nos convidava a entrar. Enquanto caminhávamos, pudemos ver as opções atraentes de cortes sendo assadas sobre as brasas. Estavam preparando a comida de uma forma que não poderia passar pela inspeção sanitária nos padrões típicos americanos, mas o cheiro era delicioso e tivemos a honra de ter sido convidado para este tour local por um homem com a melhor das intenções em nos mostrar a real face de sua comunidade. Seu único interesse era mostrar-nos o coração de sua aldeia e fazer novos amigos.

Durante o almoço, que foi tão delicioso quanto o odor do churrasco, John compartilhou os aspectos do desafio que estávamos prestes a enfrentar para subir a montanha. Informações que uma agência de viagens provavelmente nunca nos informaria. Discutiu informações de segurança sob o ponto de vista de um guia, e não de alguém tentando vender um pacote turístico. Ele nos deu *insights* sobre segurança para nos ajudar a entender a importância de ficarmos juntos. Levou-nos a um passeio

CAPÍTULO QUATRO • HABILIDADES SOCIAIS E COISAS EM COMUM.

detalhado pela cidade e mostrou uma realidade que nunca teríamos visto como turistas normais. Passou a tarde conosco e deu informações que provavelmente não teríamos encontrado em nenhum livro-guia.

John explicou que, quando as pessoas locais me viram andando com Mario, acharam que eu era uma turista e ele um morador local, por isso sorriram de forma tão simpática. Só então entendi por que falavam com ele em Suaíli, a língua local; e, quando ele respondia em inglês dizendo que não falava a língua, pareciam irritados achando que estava tentando me impressionar, passando-se por estrangeiro. Assim que entendemos que aqueles sorrisos eram para nós, começamos a sorrir de volta, divertindo-nos com a confusão.

No dia seguinte, nosso grupo de amigos desembarcou de um ônibus da operadora turística. Eu e Mario fomos ao estacionamento para recebê-los. A tripulação do ônibus achando, equivocadamente, que Mario era funcionário do hotel, começou a jogar as malas que estavam em cima do ônibus para que os ajudassem a descarregar a bagagem do maleiro. Mesmo não entendendo uma palavra do que estavam dizendo, arregaçou as mangas e começou a ajudá-los com as malas, enquanto o resto do grupo se abraçava e tirava fotos como turista. Alguns momentos depois, chegou o gerente do hotel e começou a gritar com o pessoal do ônibus. Ele pedia mil desculpas a Mario, explicou-nos que se confundiram achando que o rapaz trabalhava para o hotel.

Enquanto todos nós, inclusive Mario e os funcionários do ônibus, ríamos do mal entendido, ele continuou ajudando-os a descarregar o resto da bagagem e nos convidou a dar uma mãozinha. Esta experiência nos ajudou na conexão e na criação de *"rapport"* com a equipe com quem passamos a conviver durante a expedição ao topo da montanha.

Gosto de compartilhar esta história, pois é um exemplo de como coisas pequenas podem nos unir e transformar uma experiência em família global. Um dos segredos para criarmos fortes relações culturais é prestar atenção às coisas que temos em comum, porque é a comunhão que nos une. Através de comunalidade é que formamos vínculos e união.

Ao tomarmos coragem e iniciamos uma conversa com um estranho, emocionamo-nos ao descobrir que temos algo em comum. Sentimo-nos felizes e conectados com a coincidência de apreciarmos o mesmo *hobby*, o mesmo esporte ou gostarmos do mesmo filme. Quando viajo, estou sempre procurando e prestando atenção ao que temos em comum ao me conectar com novas pessoas. Meu foco está sempre voltado em me conectar a um nível mais pessoal, antes de me preocupar com as questões culturais mais típicas. Esta base de relacionamento atua como uma ponte que fortalece a conexão que estamos tentando iniciar. A estratégia funciona porque, não importa de onde viemos, ou para onde vamos, somos seres humanos tentando satisfazer nossas necessidades emocionais de uma forma ou de outra.

Quando estiver viajando em ambientes culturais diferentes do seu, seja proativo. Tome coragem para iniciar a conversa e fazer a conexão. Seu objetivo deve ser o de procurar entender as pessoas para depois ser compreendido. Lembre-se de ouvir primeiro e falar depois. Enquanto cria o envolvimento, tente entender o ponto de vista da outra pessoa e suas questões. Criamos *rapport* ao demonstrarmos interesse genuíno, fazendo perguntas e nos aprofundando no tema da conversa. Não tenha medo. Depois de conquistar a atenção da pessoa, é a sua vez de abrir-se e revelar coisas sobre si mesmo para estabelecer o que tem em comum.

Caso 5: Neil P., do Reino Unido.

Leia o relato de Neil, que nasceu no Reino Unido, mas vive nos Estados Unidos.

Em meu terceiro ano vivendo em Los Angeles, Califórnia, criei uma equipe de críquete. Éramos somente meia dúzia de jogadores, mas a notícia da nossa equipe deu a volta ao vale.

CAPÍTULO QUATRO • HABILIDADES SOCIAIS E COISAS EM COMUM.

Atraímos alguns bons jogadores de outras comunidades de imigrantes, os quais se juntaram a nós. Havia três rapazes da Índia, quatro australianos, um kiwi e um *springbok* ou gazela, em português (termos carinhosos para neozelandeses e sul-africanos, respectivamente). Também tivemos dois jogadores fantásticos das Índias Ocidentais, originais de Trinidade e Tobago, para ser mais preciso. Todos unidos e socializando algo em comum, o esporte. Críquete, que é um esporte internacional vinculativo e competitivo, aproximou os imigrantes e conectou comunidades criando amizade entre as pessoas.

Quero compartilhar outro exemplo da verdadeira magia de uma comunidade quando une a criatividade do imigrante. Eu tinha jogado "Rugger" (uma gíria para o rúgbi, críquete, futebol) em toda a Europa. Mas, não importava por onde passava, não havia encontrado um único britânico ou qualquer outra nacionalidade que tivesse interesse pelo esporte. Decidi então colocar um anúncio curto no jornal local. Baseado em uma resposta, descobri que um grupo de jogadores de futebol americano tentou montar uma equipe de rúgbi apenas dois anos antes, e um dos membros felizmente viu o meu anúncio.

O anúncio atraiu vários interessados que concordaram em me encontrar para um copo de cerveja e um jogo de dardos no nosso pub local. Eu descobri que precisavam de um treinador e, mesmo inseguro, me ofereci. Graças à energia, ao empenho e ao entusiasmo da equipe, o grupo ficou muito bom, mas sentimos dificuldade em encontrar times adversários para competir com o nosso. Agregamos jogadores suficientes para nossos próprios jogos de Sevens (uma variação do rúgbi, com apenas sete jogadores em cada time, em vez dos 15 tradicionais). Tornei-me próximo dos novos amigos americanos e socializávamos com frequência. Alguns tentaram seus talentos no críquete; outros, no futebol. Alguns dos nossos camaradas nos faziam dar boas risadas com suas tentativas e seus esforços em profissionalizar-se, mas pelo menos estavam sempre prontos para enfrentar qualquer desafio.

EMBARQUE JÁ • O MUNDO TE ESPERA

A mensagem que estou tentando transmitir é que pessoas de todas as raças, culturas e níveis sociais podem ser reunir através de algo simples, como o esporte. As barreiras podem se dissolver e amizades duradouras têm a possibilidade de serem criadas. Não percebi o potencial de integração cultural no momento em que me propus a criar o time, minhas verdadeiras razões eram mais egoístas, só queria companhia para praticar meu esporte favorito. Porém, da iniciativa, veio um grande resultado.

O exemplo dado por Neil demonstra a eficiência em tomarmos a iniciativa, mesmo que tenhamos outros objetivos além da integração social. Às vezes, é difícil aproximar-se de outras pessoas em nossa comunidade ou no exterior. Eu mesma sou uma pessoa de natureza introvertida e tive que trabalhar duro para desenvolver minhas habilidades sociais, a fim de perseguir o meu sonho de viajar pelo mundo.

Por exemplo, intencionalmente me motivava a frequentar eventos culturais que não eram exatamente o que estava procurando. Sabia que coisas fora da minha área de interesse me ajudariam a expandir minha inteligência cultural. Um exemplo, a ópera. Eu nunca fui uma verdadeira fã de ópera, mas resolvi assistir a uma apresentação para ver do que se tratava antes de formular uma opinião. Agora sim me sinto preparada e posso expressar uma opinião educada, pois já vivi a experiência. Nunca deveríamos expressar uma opinião, especialmente sendo passional, sobre coisas que não temos experiências. Também não deveríamos julgar pessoas e culturas antes de ter uma experiência pessoal. Isso nada mais é do que pura ingenuidade.

Fortaleça sua experiência pessoal tentando entender as razões do outro lado. A melhor maneira, é claro, seria vivendo certas experiências, mas isso nem sempre é possível. Entretanto, podemos fazer perguntas mais profundas. Qual a história de origem do evento? Por que as pessoas gostam e se identificam? Por que os brasileiros gostam de carnaval? Por que chinês é tão profundamente tocado pelos acontecimentos da celebração do

CAPÍTULO QUATRO • HABILIDADES SOCIAIS E COISAS EM COMUM.

Ano Novo? O que isso significa para eles? Como isso começou? Quando nos aprofundamos em nosso questionamento, descobrimos que certos eventos não tratam apenas de uma festa ou comemoração. São boas razões para reunir famílias e comunidades, muitas vezes parte das tradições e crenças locais. Para se ter uma compreensão mais profunda dessas tradições e crenças, nada como viver a experiência e se conectar a nível pessoal. Além de ser um ótimo tópico para conversas, quando falamos de nossas aventuras, também é uma ótima oportunidade para se desenvolver múltiplas habilidades sociais e culturais.

Você não precisa viajar para longe de casa para colocar isso em prática. Grandes cidades têm bairros internacionais ou eventos culturais aos quais pode acessar a comunidade e a cultura. Faça amigos e aceite convites. Muitas famílias de imigrantes vivem em seu país agora, mas ainda mantêm um senso de suas raízes em suas casas. Aprenderá como preparam seus pratos típicos, ouvirá a música tradicional e entenderá a prática dos costumes. Ter a oportunidade de um convite destes é uma honra, então aceite com orgulho. Antes de ir, faça sua lição de casa e pesquise qual é o comportamento habitual e apropriado para a cultura. Coloque em prática o que você descobriu e garanta uma experiência bem sucedida e agradável a todos durante a sua visita.

SIM & NÃO:

SIM

- Expanda os seus limites pessoais e saia de sua zona de conforto, iniciando o contato com as pessoas.
- Concentre-se nas coisas que temos em comum e esforce-se em desenvolver o relacionamento a partir daí.
- Certifique-se de comunicar com eficiência.
- Arrisque-se mais, especialmente se você é uma pessoa introvertida.

- Lembre-se de ouvir atentamente e compartilhar a sua opinião ou experiência, especialmente se é uma pessoa extrovertida.

NÃO

- Não espere que as pessoas cheguem até você ou iniciem a conversa.
- Não concentre o tema da conversa apenas na diversidade de pontos de vista.
- Não fique ofendido quando as pessoas não concordarem com seu ponto de vista. A melhor estratégia é simplesmente concordar.
- Não pense que está seguro na bolha de sua cultura. Apenas, desconectado do mundo.

CAPÍTULO CINCO

CURIOSIDADE

Viajar é descobrir que todo mundo estava errado sobre outros países.

Aldous Huxley

CURIOSIDADE

N as palavras de Walt Disney, "Continuamos seguindo em frente, abrindo novas portas e fazendo coisas novas, porque somos curiosos e a curiosidade continua nos levando a novos caminhos". A curiosidade é um forte desejo de conhecer algo novo. É um interesse inquisitivo, especialmente em relação às coisas que não nos dizem respeito diretamente. É uma qualidade que ajuda as pessoas a desenvolver novas habilidades e formular opiniões.

Enquanto lê o capítulo, considere as seguintes perguntas: Qual talento ou habilidade você está ciente de que precisa desenvolver? O que ainda desconhece? Quais são as coisas que estão fora de sua ciência? Consegue se lembrar de uma época em que a mera curiosidade o levou a aprender algo novo, que nunca imaginou a existência? Talvez você tenha vontade de viajar para lugares que tenham um idioma desconhecido. Consideraria aprender o básico do idioma? É quase impossível entender completamente um povo ou uma cultura, sem ter algum entendimento de sua linguagem. A prática de aprender uma nova língua é uma grande ferramenta de comunicação. Combine conhecimento da linguagem a um sorriso e à atitude positiva

CAPÍTULO CINCO • CURIOSIDADE

e está no caminho certo para se envolver com a nova cultura. Investir tempo para aprender pelo menos noções básicas de um idioma será útil no início de sua jornada. Ao estudar um idioma, certifique-se de aprender gírias, ditados e expressões populares, que tendem a mostrar a realidade de cada cultura.

Seja consciente dos gestos e movimentos físicos durante a comunicação. Alguns países têm diferentes significados aplicados para o mesmo gesto. Para alguns, um gesto simples pode ter um significado positivo; para outro, pode ser ofensivo. Esteja bem informado sobre o país que vai visitar e seu estilo de comunicação, para evitar gafes e situações desagradáveis. Por exemplo, assoar o nariz em público não é bem visto no Japão; o uso da mão esquerda durante as refeições não é bem visto em países onde se costuma comer com as mãos, pois é usada na higiene íntima.

Quando viajamos por diferentes culturas, as coisas mais simples podem se tornar complicadas quando não conhecemos a história, a tradição ou o costume. Até uma simples saudação modifica de acordo com o país. No Butão, é normal perguntar: "Como está o seu corpo?"; na Grécia, tapinhas nas costas substituem o aperto de mãos; no povo Maori, da Nova Zelândia, o ato de encostar o nariz no outro e fechar os olhos; na Zâmbia, um suave aperto de polegar; no Camboja, unir as palmas das mãos o mais alto possível (muito parecido com mãos rezando) e mantê-las contra o seu peito; na parte norte de Moçambique, bater palmas três vezes antes de dizer olá; em Taiwan, perguntar: "Você já comeu?"; na Turquia, um aperto de mão firme é considerado um comportamento rude e agressivo e pode ser mal interpretado; em Oman, uma saudação ocorre com um aperto de mão, mas a maioria dos homens adiciona encontro de nariz e um beijo. Claro que, em nossa cultura, alguns gestos têm um significado completamente diferente, o que pode levar a mal-entendidos se não está ciente do que realmente significam para aquela cultura.

EMBARQUE JÁ • O MUNDO TE ESPERA

É importante que você aprenda o significado de palavras e de alguns hábitos antes de embarcar em sua jornada.

Investir tempo aprendendo um idioma sem se preocupar com o aprendizado da história, das tradições ou da cultura é uma receita para a frustração. Muitas vezes, as palavras simplesmente não são suficientes. Você deve compreender os métodos de comunicação das pessoas e não apenas o que dizem. O aprendizado da linguagem abre portas, mas o conhecimento da cultura oferece o convite para entrar.

Enquanto estiver aprendendo uma nova língua, repita expressões que aparecem nas conversas. Concentre-se no contexto e ancore as expressões ou gestos em sua mente. Arquive-os de acordo com a circunstância ou exemplo para ser usado em suas comunicações futuras. Preste atenção às pequenas ações no aprendizado da língua como, por exemplo, ir a um supermercado e observar o comportamento do nativo. Aprenda com a experiência e com a observação.

Curiosidade, em sua essência, é o pensamento curioso. Consistência na curiosidade não vem naturalmente, deve ser desenvolvida. É muito benéfico usar a curiosidade como uma ferramenta para desenvolver e fortalecer nossas habilidades para uma mentalidade globalizada. Mantenha sempre viva a sede de conhecimento. Desenvolva o interesse em outras pessoas e estimule a sua curiosidade em níveis mais elevados. Normalmente só procuramos informações sobre coisas que nos dizem respeito diretamente. Sugiro que adote uma profundidade maior no nível de informações que geralmente procura sobre temas gerais. Aprender mais do que o esperado nos proporciona uma experiência mais rica e gratificante.

Ao pensamos sobre o papel que a curiosidade tem desempenhado na história da humanidade, ao progresso que fizemos e às conquistas alcançadas, é óbvio que tem grande importância em nosso crescimento e desenvolvimento pessoal. Sem isso, provavelmente estaríamos ainda sentados no canto de uma

CAPÍTULO CINCO • CURIOSIDADE

caverna. Nada de internet, pizza quatro queijos ou mesmo o simples conforto de um banho quente de chuveiro.

Não podemos simplesmente sentar e esperar por coisas novas, que alguém magicamente faça aparecer. Todos os recursos, eventualmente, chegam ao fim, até mesmo os culturais e sociais, temos que seguir à procura de novos conhecimentos. É assim que chegamos tão longe, levados pela curiosidade. Por sorte, muitas pessoas vivem com o desejo de expandir seus horizontes, sentindo-se limitadas e sabendo que, para crescer, precisam ir a outro lugar. Portanto, precisamos tomar a iniciativa e buscar nossas próprias respostas, as quais podem ser encontradas fora da nossa cultura.

Albert Einstein disse: "A coisa importante é não parar de questionar. A curiosidade tem sua própria razão de existir. Não se pode deixar de ficar admirado quando contemplamos os mistérios da eternidade, da vida, da maravilhosa estrutura da realidade. Já seria suficiente se tentássemos apenas compreender um pouco mais desse mistério a cada dia. Nunca perca a sagrada curiosidade". Isto é essencialmente importante para o desenvolvimento de uma mente global e para aqueles cujo sonho é conquistar seu espaço no mundo.

A falta de curiosidade pode somente alimentar a ignorância. Não devemos nos iludir com as informações que aprendemos na escola e nos livros, as quais não são suficientes para revelar os segredos da vida e das diferentes culturas. A visão limitada que recebemos nas escolas está muito longe da complexidade dos fatos e da realidade. Por isso, sugiro vê-la com seus olhos e vivê-la através da própria experiência.

Tenha interesse ativo ao coletar informações, questionando sobre a veracidade da fonte da notícia. Nem sempre os fatos são exatamente como foram descritos pela mídia. Pergunte às pessoas originárias do lugar ou àqueles que têm parentes e amigos por lá. Vá direto à fonte ou o mais próximo possível dos fatos para qualificar a sua informação, não se contente com o

EMBARQUE JÁ • O MUNDO TE ESPERA

que ouvir na mídia sensacionalista. O impacto cultural da manipulação de notícias pela mídia é bem conhecido na sociologia.

Em Sociologia, aprendemos como as pessoas facilmente são influenciadas e criam seus padrões de afirmação sobre uma cultura através da intervenção da mídia. Portanto, procure informações em fontes ou em canais de mídia independente, que se refere a qualquer forma de mídia, como rádio, televisão, jornais ou internet, sem influência por parte do governo ou de interesses corporativos.

A melhor maneira de verificar a veracidade das informações é através da coleta de fontes diferentes. Por exemplo, se usar a internet, poderá ler uma notícia internacional no próprio idioma, mas tente localizar alguns jornais ou revistas do local para ver como a reportagem retrata a mesma história, como a população se sente diante do evento e qual o significado para as pessoas. Se tiver tempo, um bom exercício é olhar para a mesma história com a perspectiva de culturas diferentes. Mesmo que você não tenha conhecimento em outros idiomas, não use isso como desculpa. Faça o exercício usando um tradutor online. Seja criativo e engenhoso. O objetivo é desafiar a sua mente a amplificar os níveis de informação que recebe.

O que não deve fazer é ter uma opinião sobre um país baseada nas informações de alguém que nunca esteve lá. Nada mais frustrante que ouvir um fundamentalista pregando uma opinião forte e ofensiva sobre um país ou uma cultura, sem nunca ter estado lá. Tais opiniões tendem a ser despreparadas, racistas e preconceituosas e não cabem em uma mentalidade global.

Sou nascida no Brasil e algumas pessoas acreditam que a população brasileira é formada principalmente por negros e mulatos. Acreditam que os brasileiros sabem sambar e que passam a vida na praia em minúsculo biquíni. Alguns acham que celebram o Carnaval o ano inteiro e que são amantes do futebol. As imagens e crenças são baseadas em pequenas conversas, reportagens de televisão ou fotografias de viagem, mas

CAPÍTULO CINCO • CURIOSIDADE

não representam a riqueza étnica e cultural do país e a realidade do cidadão médio brasileiro. O Carnaval é um evento cultural que acontece apenas uma vez por ano no Brasil, mas ainda há aqueles que acreditam que o evento representa todo o país.

Não se atenha à opinião de somente uma pessoa sobre uma cultura, principalmente se não tiver certeza da fonte de suas informações. Formule suas opiniões com base em pesquisas, fatos e experiências, não em generalizações ou suposições. Quando estiver planejando viajar, procure coletar informações sobre pessoas e culturas a partir de fontes variadas para evitar opiniões tendenciosas ou informações inverídicas.

Outra forma interessante (e muitas vezes saborosa) de alimentar nossa curiosidade e ao mesmo tempo aprender sobre uma nova cultura é a experiência gastronômica. Antes de me aprofundar no assunto, gostaria que me dissesse como você lida com pratos típicos de outra cultura. Você está aberto a novidades ou tem medo da experiência? Você costuma pedir por pratos tradicionais étnicos quando viaja ou prefere comer em restaurantes mais tradicionais e conhecidos? Costuma visitar restaurantes étnicos quando está em sua cidade? Se não, por quê?

Quando olhamos para a escolha de ingredientes e a preparação de alimentos por outras culturas, precisamos lembrar que a comida geralmente está relacionada aos recursos disponíveis na região e não apenas a um hábito. Não devemos assumir que existe somente uma maneira correta de preparar, servir, combinar ou mesmo comer alimentos. A experiência é diretamente relacionada ao local onde você está, de acordo com a realidade econômica e social do lugar, além das características ecológicas e ambientais. Além disso, também precisamos considerar outros fatores que desempenham papel nas tradições culinárias locais, como a religião, a saúde e as tradições.

Claro que, quase sempre, você tem a opção de fazer suas escolhas, mas se está indo a um país por um longo período de tempo, deveria começar a provar um pouco da comida local.

EMBARQUE JÁ • O MUNDO TE ESPERA

Não limite sua experiência trancando-se nos seus hábitos, pois pode estar perdendo grandes oportunidades. Relembrando, há muito a se aprender sobre uma cultura, principalmente quando temos a oportunidade de sentarmos a mesma mesa e dividirmos o pão, desfrutamos da possibilidade de uma experiência mais calorosa e íntima com as pessoas.

Desperte a curiosidade e o interesse em aprender sobre a arte da culinária local. Seja um aventureiro culinário e aventure-se em diferentes sabores e produtos, aqueles que você provavelmente nunca tentaria em casa. Coisas que nos são desconhecidas podem parecer pouco atraentes e até nojentas, mas podem ser muito populares na cultura. Se usar a curiosidade e perguntar por que comem ou preparam tal coisa, poderá ganhar uma compreensão mais profunda de suas escolhas. Lembre-se de que, enquanto torce o nariz para alguns pratos típicos, é possível que sua refeição matinal possa parecer estranha a outra cultura.

Agora, mudando de assunto, concentremo-nos na importância de aprender um idioma adicional. Em 2009, em uma pesquisa conduzida via internet pela empresa de recrutamento Korn Ferry, na qual 12.562 pessoas participaram da enquete, comprovou que trinta e um por cento das pessoas entrevistadas falavam dois idiomas. Um adicional de vinte por cento falavam três idiomas; nove por cento, quatro idiomas; e quatro por cento, mais de quatro idiomas. Grandes empresas transcendem fronteiras, operam internacionalmente e buscam ativamente por profissionais que possuam bi, tri e múltiplas capacidades idiomáticas.

Se estiver considerando um desenvolvimento educacional ou profissional falar apenas um idioma, pode não ser o suficiente para alcançar os objetivos que tanto deseja. A carência poderá restringir o seu potencial de crescimento, pois muitas oportunidades estão do outro lado da fronteira.

Não caia na ilusão de que permanecendo dentro de sua própria bolha manterá a eficiência do seu conjunto de habilidades. Já não é mais sustentável ser um peixe grande em um pequeno

CAPÍTULO CINCO • CURIOSIDADE

lago, porque a lagoa agora é internacional. Pessoas de outras culturas podem até se comunicar, mas imagine o tamanho da vantagem deles por entender mais sobre você do que pode entender sobre eles. As pessoas que possuem um conjunto de habilidades multiculturais amplas podem entender e, portanto, decifrá-lo muito melhor do que poderia ter a esperança de compreendê-los. Isso ocorre mesmo que o nível de conhecimento e proficiência no idioma seja pequeno. A comunicação deles está um passo a sua frente. Aprender o básico do idioma dos lugares que pretende visitar é importante em muitos outros aspectos além da comunicação. Como já mencionado, a comunicação é muito mais que palavras ditas. Portanto, encorajo-o a pelo menos tentar se comunicar e familiarizar-se com novos costumes linguísticos.

Não se preocupe em ser proficiente, em vez disso foque em tentar se conectar com as pessoas em um nível mais profundo. Quando fizer isso, novas possibilidades se abrirão porque as pessoas percebem que está se esforçando. O esforço vale muito mais que os resultados, pois mostra que se interessa pela cultura do outro. Esta é a base para a construção de um relacionamento e o uso da linguagem é só o primeiro passo.

Além disso, como mencionado anteriormente, existem certas expressões que não podem ser traduzidas. Quando estamos conversando com alguém em sua própria língua, começamos a compreender tais expressões mesmo não podendo traduzi-las literalmente. Entendemos suas emoções pela intensidade da voz e pelo vocabulário específico. Cada cultura tem suas gírias, estilo de humor, palavras de estimação, de apreço e que demonstram aversão. Reconhecer detalhes nos ajuda a compreender e interagir melhor, a rir das mesmas coisas e a evitar mal entendidos.

No entanto, se somente utilizarmos uma linguagem tampão, como o Inglês (e eu menciono o inglês como um exemplo porque é o que a maioria das pessoas investe em aprender primeiro e funciona muito bem), perderemos muito da conexão emocional que pode ocorrer em línguas nativas, a menos que estivermos

EMBARQUE JÁ • O MUNDO TE ESPERA

em um lugar onde o Inglês é a língua nativa. Se pretende aprender vários idiomas, então não espere até que seja proficiente em um para investir no próximo. Em outras palavras, se fala inglês ou está aprendendo espanhol, não espere para praticar o francês, se o interessa. É possível aprender várias línguas ao mesmo tempo e possivelmente encontrará semelhanças nas raízes de algumas palavras e encruzilhadas linguísticas. Além de todos os benefícios culturais, existem vários estudos que mostram evidências de que falar mais que um idioma melhora algumas funções do cérebro, como planejamento, resolução de problemas e *multitasking*. O foco não deve ser competência plena, mas usar a linguagem como um meio de desenvolver uma conexão mais profunda com as pessoas que tem interesse.

Use a curiosidade para expandir seus horizontes multiculturais através de livros, músicas, filmes e outras formas de entretenimento. Poucas pessoas percebem que os filmes estrangeiros podem oferecer uma visão das diversas culturas. Quem só assiste a filmes nacionais ou comerciais (estilo Hollywood), lê apenas notícias locais, só ouve música comercial, sua visão do mundo fica restrita, não desenvolve visão periférica. No entanto, ao se interessar por música do mundo todo, pela mídia mundial, por filmes estrangeiros independentes, tende a uma perspectiva diferente, multicultural. Ao alongamos nossos limites e abrirmos a mente para as coisas que inicialmente não nos interessam ou não fazem sentido, estamos fortalecendo competências que nos beneficiarão.

É por isso que recomendo que, se está indo a um país estrangeiro, assista a pelo menos doze filmes sobre a cultura local, para compreender o cotidiano do povo. Além disso, poderá se surpreender ao sair do circuito de Hollywood e descobrir que filmes estrangeiros tendem a ser muito mais realistas, a se concentrar menos na ação e nos efeitos especiais e muito mais nos desafios dos seus cidadãos. Não deixe que o medo de legendas

CAPÍTULO CINCO • CURIOSIDADE

o impeça de assistir ao filme. Use-a para praticar o básico do idioma, ouça o ritmo das palavras e a cadência dos fonemas.

Deixe-me contar uma experiência que tive com um amigo. Havia sugerido que fôssemos assistir a um festival internacional de filmes. Antes mesmo de chegar ao teatro, o tal amigo estava reclamando que o longa seria em uma língua estrangeira, e não em sua língua nativa. Eu disse-lhe "assista ao filme como se estivesse diante de uma tela muda dos anos 20 e depois pode me dizer o que entendeu da experiência". Quando o filme acabou, ele estava surpreso por ter entendido todo o contexto da história, somente pelas expressões e movimentos dentro do filme. Ficou surpreso com a profundidade da trama e com seu nível de compreensão. Então, afirmou: "Adriana, eu nunca pensei em ver um filme desta forma antes". Respondi: "Sim, porque seu cérebro está acostumado a assistir a um filme de uma forma previsível e linear. É hora de expandir isso!".

Na era do cinema mudo, o filme tinha um curto texto descritivo, como "de volta na fazenda..." ou "e novamente na cidade...". Não usava legenda. Apenas uma série de imagens em movimento usadas para narrar uma história. O texto ficava limitado para a colocação e fixação de uma cena. A história era contada apenas através das imagens. No entanto, as pessoas entendiam o enredo e muitos ainda são vistos como clássicos hoje. Mesmo quando não havia nenhuma discussão, ou quando não entendíamos o diálogo, concentrando-nos somente nas cenas, nos cenários, nos personagens e na magia nos conectávamos, mesmo por um breve momento.

Os filmes atuais possuem muitos elementos de entretenimento, como efeitos especiais, trilhas sonoras e rápidas mudanças de cena - você se desconecta facilmente do personagem ou do cenário se estiver distraído. Há tanta coisa acontecendo que realmente não pode se concentrar em apenas uma coisa. Filmes culturais tendem a se concentrar na história de vida contada, enquanto os comerciais usam a fantasia como forma de entretenimento. Você entende a diferença?

É por isso que filmes estrangeiros (não Hollywood) podem ser excelentes ferramentas que mostram as emoções das pessoas, modos de vida específicos e diferentes experiências. Pense em filmes estrangeiros mais como contar histórias e menos como entretenimento. Veja-os como parte de sua pesquisa sobre diferentes culturas.

Embora seja agradável fantasiar e se deixar inspirar pelo mundo da música, livros, filmes e documentários originários de outras culturas, nada se compara à experiência real de estar lá. Não podemos sentir o cheiro do local num documentário nem saborear uma comida num artigo de revista. Podemos ter uma ideia, mas não é a experiência completa em 4D, que aumenta o desejo, a determinação, a diversidade e o domínio. Coloque esses ingredientes em sua experiência de viagem, seu modo de ver e viver as coisas. Ser curioso não se trata de ser previsível e racional todo o tempo, é um esforço em compreender mais profundamente o outro e uma percepção mais aguçada do que está ao seu redor, mesmo em um nível energético. Esforce-se para se conectar com as pessoas e com a energia que emanam.

Quando viajamos, costumamos descobrir que as nossas opiniões e crenças sobre aquela cultura eram inexpressivas. Isto é especialmente verdadeiro quando deixamos a familiaridade e o conforto de hotéis cinco estrelas, *resorts* e viagens estilo excursão para nos aprofundarmos em comunidades locais. É lá onde podemos realmente vislumbrar a vida diária e formar ligações mais profundas com a cultura.

Temos tantas coisas em comum que, somadas à diversidade cultural, devem ser acrescidas à nossa coleção de experiências pessoais. E assim seremos capacitados e educados a formar uma opinião com base na experiência real e não apenas espelhadas em notícias de segunda mão. Alcançamos a consciência

CAPÍTULO CINCO • CURIOSIDADE

multicultural quando estamos ativos e empenhados no processo; não ignorando as pessoas, os costumes locais, a gastronomia regional, a religião e a cultura dos lugares que visitamos.

Sim, a vida pode parecer mais fácil se planejarmos fazer e comer a mesma coisa todos os dias, se decidirmos socializar com as mesmas pessoas o tempo todo e tivermos tudo perfeitamente planejado com antecedência, mas às vezes o que realmente precisamos é abrir-nos aos novos desafios e ao inesperado. Talvez nos surpreendamos.

Independentemente do valor de aprender outro idioma, existe uma grande riqueza de conhecimento que ganhamos ao decidir estudar no exterior, trabalhar em outro país ou voluntariar em missões estrangeiras. Experiências de vida que definitivamente transformam nossa mente. Nunca voltamos para casa sendo as mesmas pessoas e pensando da mesma maneira. Voltamos mais fortes, crescidos, amadurecidos e com menos medo. Nós damos conta que nos tornamos parte da aldeia global.

De alguma forma, a extensão que as viagens nos induzem também nos permite fortalecer a nossa conexão espiritual. Ao interagimos com outras pessoas, costumes, tradições e culturas em um nível mais íntimo, seremos capazes de respeitar mais a nossa realidade e nossos valores pessoais. Fortalecemos nossa tolerância, compreensão e compaixão, aceitando a diversidade dos nossos irmãos, que pertencem a diferentes famílias e origens culturais, mas são muito similares a nós.

Desde meus 16 anos, sempre interagi com muitos viajantes pelo mundo. Minha tribo é internacional e uma grande parte dela faz parte do meu círculo íntimo de amigos. Eu os considero pessoas adoráveis. Tendem a ser muito abertos, sempre dispostos a compartilhar o que têm e a aprender o possível durante suas viagens. Não se preocupam com o certo. Carregam um profundo sentimento de respeito pela outra pessoa e por suas tradições. São pacientes e bondosos. Exibem compaixão e têm uma curiosidade natural.

Como brasileira, venho de um país onde a norma cultural é mostrar interesse pelos estrangeiros. É a nossa maneira de ser, mais amigável com os visitantes que somos com nós mesmos. Conhecemos alguém e já estamos convidando-o para um café ou um churrasco. Somos calorosos, gostamos de nos comunicarmos e de abrirmos nossas portas e nossos corações para estranhos.

Quando viajei para a Turquia, deparei-me com as evidências de uma cultura muito similar a minha. Os turcos tendem a desfrutar da companhia de estrangeiros e oferecer convites para estranhos. Ao viajar com um amigo, recebemos um convite para um almoço de um homem turco, que conhecemos no estacionamento e nos ajudou com um problema no carro, ao sairmos de uma reunião. Meu amigo estava apreensivo e com medo, dizendo que seria perigoso aceitar o convite e que a pessoa deveria ter segundas intenções, mas não vi nada fora do comum com ele. Estou acostumada à tradição similar. O almoço foi tão agradável que, três meses mais tarde, meu amigo estava recebendo a visita do novo amigo turco e de sua esposa em sua casa na Espanha.

Quando sua mente está fechada para experiências e aventuras, bloqueia o potencial para aprender algo novo. Não estou dizendo que não haja perigo em qualquer lugar do mundo e que você deve aceitar convites onde quer que vá. Não, absolutamente não. Estou sugerindo que expanda seus horizontes. Esteja aberto ao crescimento e à mudança. Não se apegue a preconceito e estereótipos.

Minha tribo internacional também tem outra coisa em comum: nível elevado de tolerância. Não importa de qual cultura, religião ou proveniência, cidadãos globais tendem a ter um maior nível de tolerância que o cidadão médio. E há também os "globalizados domésticos", como gosto de chamá-los. Pessoas que nunca viajaram para o exterior, mas gostam de conhecer estrangeiros, de comidas étnicas, de filmes e músicas em várias línguas, de supermercados internacionais e de ler livros de

CAPÍTULO CINCO • CURIOSIDADE

viagem para se divertir. Tendem a falar uma segunda língua e gostam de olhar mapas e revistas de viagem.

Desde que Pinterest (uma espécie de rede social com foco em imagens) saiu, encontramos álbuns de lugares maravilhosos que sonhamos em visitar um dia. Como os "globalizados domésticos" não têm oportunidade de viajar, mergulham na cultura global enquanto estão em casa. Participam de feiras e festivais de diferentes culturas, leem livros em outros idiomas e são participativos na interação com estrangeiros no próprio país. A coisa maravilhosa sobre estar exposto a tantas culturas e nacionalidades diferentes é que se ganha aprendizagem passiva com tais experiências, as quais expandem e reforçam a visão de mundo e do nível de tolerância de uma pessoa.

Quando crescemos somente em nosso próprio ambiente, em nossa própria tribo, tendemos a pensar pequeno. No entanto, ao sermos expostos a um mundo maior, descobrimos novas realidades, novos conceitos e ideias. Começamos a fazer melhores perguntas e a desenvolver um estilo de pensamento crítico cultural, que não é estimulado na escola.

Com a mudança constante do mundo, temos que dar importância ao pensamento crítico cultural, porque estamos vivendo em uma aldeia verdadeiramente global. Em 1968, Marshall McLuhan e Quentin Fiore introduziram a expressão "aldeia global" em seu livro "Guerra e Paz na Aldeia Global".

Com base na descrição dos autores, uma aldeia global era o cenário onde o mundo inteiro estava intimamente conectado por telecomunicações modernas e era interdependente econômica, social e politicamente. O livro foi criado há 50 anos e, desde então, a tecnologia se desenvolveu a um ritmo que podemos nos conectar a qualquer um, em qualquer lugar, em milissegundos. Portanto, a visão dos autores é mais verdadeira hoje do que nunca.

Para colocar o seu pensamento crítico em prática, pare um momento para responder às seguintes perguntas: Qual é a sua razão para fazer as coisas especificamente como faz?

EMBARQUE JÁ • O MUNDO TE ESPERA

(Exemplo: etiquetas na mesa). Por que as pessoas em sua cultura se comportam desta maneira específica? O que você acha deste comportamento comparado ao de outras culturas? É tradição ou hábito? As perguntas são difíceis de responder, porque temos a tendência de fazer as coisas por hábito. Mas não importa qual a pergunta, pesquisas mostram que, na maior parte do tempo, há uma razão cultural, além da emocional, para fazer o que fazemos.

Véspera de Ano Novo é uma grande tradição na minha terra natal, Brasil. Cerimoniosamente, os brasileiros usam branco para trazer paz e a boa sorte para o resto do ano, dirigem-se à praia para saltar sete ondas e oferecer flores ao mar, com desejo de prosperidade no ano vindouro. Independente da religião ou da localização geográfica, o importante é aproveitar o momento e realizar os pedidos. Segundo pesquisas, a origem da tradição vem dos rituais do Candomblé, que é uma religião africana ou afro-brasileira influente no Brasil. De acordo com o IBGE, 0.6% da população praticam o candomblé. Porém, na véspera de Ano Novo, a população que encontramos nas praias dando seus pulinhos com o coração cheio de esperança por um ano melhor é imensamente maior que o número de seguidores da religião. Os brasileiros adotaram a tradição e tornou-se uma prática cultural para a maioria das pessoas.

No momento da celebração, suspendemos quaisquer questões de fé. Não nos preocupamos em questionar as razões, apenas comemoramos e nos divertimos, compartilhando o momento com amigos e familiares, reforçando a nossa esperança por um ano melhor. É uma celebração da vida e da oportunidade de estarmos juntos apreciando o momento, com esperança e desejo de uma vida melhor.

Eu me lembro de um Ano Novo, com vários amigos estrangeiros me visitando no Brasil, em que fomos à praia. Eles não sabiam por que estavam pulando as ondas do mar, mas expressavam os seus desejos com imensa alegria e viviam a celebra-

CAPÍTULO CINCO • CURIOSIDADE

ção. Naquele momento, faziam parte do Candomblé e do Brasil. Conectávamos a união e o desejo mútuo de um feliz e próspero ano novo. As tradições, as cerimônias e os festivais culturais são diferentes representações de um país. No entanto, quando temos oportunidade, devemos participar das celebrações sempre respeitando a cultura de cada povo.

Caso 6: Adriana M., do Brasil; Pino F. e D. Donato, da Itália

Por fazer parte de uma famosa comunidade internacional de viajantes, fui contatada via internet por Pino, que morava na Itália. Ele estava à procura de parceiros para montar um projeto que incluía uma expedição à África. Depois de algumas semanas de correspondência, pesquisa e planejamento, estávamos prontos para nossa aventura.

Quando aterrissei no Aeroporto Internacional de Cape Town, encontrei-me com Pino e Donato, meus dois novos amigos, os quais estavam me esperando com uma caminhonete novinha. Muito animados, pegamos a estrada. Nossa expedição pela África do Sul, Namíbia e Botswana começou com uma organização a qual não estava acostumada. Pino era um excelente pesquisador e Donato, um grande membro de equipe. Porém, sabíamos que, especialmente no exterior, deveríamos estar sempre prontos para o inesperado. (Lembre-se: o plano A, plano B, plano C etc.). Descobrimos que, para garantir o sucesso da nossa missão, teríamos que colocar toda a nossa desenvoltura para trabalhar. Ouvimos que as condições gerais dos lugares que pretendíamos visitar eram mais hostis que o esperado para aquela época do ano, devido a um longo período de seca.

Apelidamos Donato de o "bonzinho" do grupo. Ele ganhou o título, porque concordava com qualquer coisa que Pino e eu decidíssemos. Apesar de tímido, era uma pessoa fácil de adaptar-se a qualquer coisa. Mesmo que nos entendêssemos muito bem, gostávamos de discutir em detalhes cada passo das pró-

EMBARQUE JÁ • O MUNDO TE ESPERA

ximas etapas, com todas as informações pertinentes, acrescentando a experiência variada que tínhamos, cada um com seu perfil. Antes de decidir onde iríamos acampar cada noite, gostávamos de discutir a geografia, o acesso mais próximo à água, à fauna, à flora local e às aldeias circundantes para analisar os riscos e formular estratégias, caso houvesse qualquer problema.

Como bióloga, o meu interesse principal era vivenciar o máximo possível daquele ecossistema, incluindo a bela paisagem, a vida selvagem e as comunidades locais, cada uma com sua cultura. Pino, um fotógrafo amador incrivelmente talentoso, queria ter a oportunidade de tirar ótimas fotos e documentar a experiência. Donato, um mero viajante, sentia-se feliz com a oportunidade de realizar uma aventura emocionante. Como compartilhávamos a mesma curiosidade indomável, criamos um vínculo no início de nossa aventura.

Após dois dias no Vale do Rio Huab, uma das áreas selvagens mais primitivas na Namíbia, à procura dos elefantes do deserto, eu e meus companheiros de viagem resolvemos desistir da empreitada e seguirmos ao nosso próximo destino. Na estrada, avistamos uma pequena aldeia, onde decidimos parar o carro e Pino foi comprar algo para beber em um pequeno bar que havia no local. De repente, um homem embriagado aproximou-se do meu amigo pedindo dinheiro para uma cerveja e, de uma forma amigável, começou a perguntar o que estava fazendo na região. Pino disse a ele que estávamos procurando por elefantes do deserto e o bêbado disse que sabia onde encontrá-los. Dentro do bar, começaram a rir dele, pois parecia que dizia qualquer coisa apenas para conseguir uma cerveja. Pino, com pena, comprou-lhe a cerveja e se afastou levando garrafas de Wuma, uma bebida energética produzida na Namíbia.

Sentada no carro, eu podia ver o homem embriagado caminhando atrás de Pino. Abri a janela enquanto meu amigo nos dizia que aquele homem jurava saber onde encontrar os elefantes do deserto, os quais vão para um lugar específico no

CAPÍTULO CINCO • CURIOSIDADE

final do dia, com uma fonte de água para matar a sede antes de descansar durante a noite. O homem também explicou que as pessoas da região sabiam do local, mas cobravam pela informação. Como estava agradecido pela cerveja, conduzir-nos-ia até o local sem cobrar nada. Olhamos um para o outro e concordamos em continuar a ouvir atentamente as suas instruções. Depois que ele saiu, discutimos se deveríamos arriscar a ida ao local indicado. Afinal, o sol estava se pondo e ainda não tínhamos encontrado um lugar seguro para o acampamento.

Aprendemos que nunca deveríamos acampar próximo à região onde os elefantes ficavam, pois um ataque da mamada pode ser fatal. Mas, assim mesmo, confiamos na informação do homem e seguimos para a área secreta em busca dos elefantes do deserto. E adivinha o que aconteceu? O homem estava dizendo a verdade. Depois de dirigir uma hora dentro das margens secas do rio, chegamos à fonte de água, que era uma pequena lagoa sob a sombra de uma dúzia de árvores. Esperamos uma hora até que os elefantes começassem a se agrupar, um por um, durante o pôr do sol. Ficamos em silêncio, testemunhando o encontro com as criaturas majestosas.

De volta à estrada, notamos algumas expedições, que estavam acompanhadas pelos guias locais, procurando pelos elefantes. No nosso caso, a curiosidade nos levou a dar um salto de fé e aventurar-se por conta própria. Como estávamos determinados e confiantes na coleta de informações, fomos levados ao nosso objetivo. Mais tarde, no acampamento, saboreando o jantar, concordamos que a nossa missão foi um sucesso. Aliás, parodiando o filme "Missão impossível", diria: "Missão cumprida!".

Uma semana depois, ao cruzar a fronteira com a República de Botswana, descobri que não possuía o visto necessário para entrar no país. Decidida a não desistir, negociei com o oficial da fronteira e, assegurando-lhe que a minha visita não duraria mais que três dias, informei que visitaria o Parque Transfrontier de

Kgalagadi, no deserto de Kalahari. O oficial entendeu o propósito da minha viagem e concedeu o visto para a entrada no país.

Como tínhamos feito a nossa reserva para entrar no parque algumas semanas antes de nossa chegada, estávamos sendo esperados no momento do *check-in*. Informaram-nos que o local de nosso acampamento era a 10 km do portão de entrada. À medida que começamos a seguir o mapa em direção ao local, fomos surpreendidos por uma incrível alcateia de majestosos leões que repousavam ao lado da estrada. Não havia cercas ou muros que nos separavam, estávamos a menos de 10 metros de distância deles. De dentro do veículo, paramos para tirar fotos e registramos a experiência.

Ao chegarmos ao acampamento no topo da colina, percebemos que não havia nenhuma cerca ou muro que nos separava de toda a área do parque, incluindo o grupo de leões que tínhamos acabado de fotografar. Enquanto armávamos nossas barracas e coletávamos lenha para o fogo, um guarda florestal parou para ver se estávamos bem alojados e nos salientou algumas regras importantes do parque. Explicou que os leões não subiam a colina onde estávamos, mas caso acontecesse, deveríamos permanecer dentro da barraca. Orientou que não mantivéssemos qualquer alimento nas barracas, para não atrair os animais e acrescentou, em tom de brincadeira: "Mas é claro, os leões já fizeram a sua refeição do dia, devoraram um grupo de turistas alemães esta manhã!".

Com o cair da noite, no entanto, ficamos inquietos em dormir na barraca. Durante o jantar, podíamos ouvir os rugidos isolados dos leões, que pareciam se aproximar cada vez mais. Notamos também que outro grupo, que estava acampado em uma colina próxima, mantinha música em volume alto e holofotes ligados o tempo todo. Decidimos dormir dentro da caminhonete, com as portas trancadas. Afinal, a segurança é mais importante que o conforto.

CAPÍTULO CINCO • CURIOSIDADE

Como a música alta continuou até por volta da meia-noite e com a curiosidade aguçada, sem poder dormir, concordamos em dar uma volta. Ligamos o carro e começamos a descer a estrada colina abaixo. Dirigimos menos de dois quilômetros do nosso acampamento e percebemos algo acontecendo no meio da escuridão. Decidimos parar o carro e prestar atenção para tentar ver o que era, queríamos descobrir se era a alcateia de leões. Com certeza, era isso mesmo. Estávamos sob o luar africano, testemunhando leões selvagens caçando e matando uma gazela. Conseguimos testemunhar a cena, desde a perseguição do animal até a limpeza da carcaça pelo grupo. Graças a nossa curiosidade, conseguimos viver uma aventura selvagem em plena África e uma experiência que carregaremos para sempre.

Visitei a Itália inúmeras vezes e revi meus amigos. Pino casou-se com Marina e tem uma bela família e uma casa de chá em Como, no norte da Itália. Donato também se casou e se estabeleceu. Nossa aventura pode ter durado pouco tempo, mas as lembranças e as ligações duraram para sempre.

SIM & NÃO

SIM

- Aprenda fazendo.
- Corra mais riscos.
- Adquira outro idioma.
- Alimente a sua curiosidade o tempo todo.
- Compartilhe as coisas que você aprendeu.

NÃO

- Não presuma que o limitado conhecimento que tem sobre a vida é o suficiente.
- Não desista de fazer algo novo. Enfrente seus medos.

CAPÍTULO SEIS

DIVERSIDADE

Se prefere rejeitar a comida, ignorar os costumes, temer a religião e evitar as pessoas, estaria melhor ficando em casa.

James Michener

 **DIVERSIDADE**

Defino diversidade como o estado de ser diversificado, de ter variedade em contextos como a inclusão de diferentes tipos de pessoas, de diferentes raças e culturas no seio de uma comunidade, grupo ou organização.

A diversidade cultural é uma forma de arte. É um privilégio estar exposto à combinação de cores, sabores, cheiros, formas e sons de várias culturas. Enquanto uma cultura por si só é cheia de beleza, é a variedade que reúne uma alquimia especial de efeito. Imagine um jardim repleto de rosas. Certamente é lindo e agradável pela sua harmonia. Agora imagine um campo de flores silvestres. Embora diferente, também é uma bela paisagem, rica e interessante pela sua diversidade. Para alguns, as flores silvestres podem parecer mais interessantes e exóticas pela variedade de espécies.

Em biologia, precisamos de diversidade. Se pensarmos em uma floresta composta por apenas um tipo de árvore, é fácil entender como um parasita ou uma praga qualquer pode ser prejudicial e muitas vezes fatal àquele ecossistema. Considerando que, se estamos em uma floresta rica em biodiversidade, composta por muitas espécies diferentes, as árvores tendem a ser muito

CAPÍTULO SEIS • DIVERSIDADE

mais fortes, devido à competição entres as espécies e à simbiose, permitindo uma sobrevivência variada e resistente, mesmo sob as mais severas condições. As espécies se fortalecem ao terem que lutar por seu espaço, porque precisam garantir água, nutrientes e sustentação através de raízes mais fundas. A floresta tem um ecossistema mais rico porque cada parte do conjunto tende a ser mais forte, porém, interdependentes. Se relacionarmos, a floresta tropical é como uma cidade multicultural, pois possui espécies diferentes lutando para sobreviver ou aprender a viver em simbiose. Dependendo das espécies envolvidas, cria-se um ecossistema cultural particular difícil de reproduzir em qualquer outro lugar.

Agora, vamos usar esta analogia com os seres humanos. Imagine que somos um visitante na cidade de Nova York. Já não estamos mais falando da integração com o cidadão nascido em Nova York. Aliás, como é que se define um nova-iorquino? Trata-se de sobreviver em meio às culturas e às etnias dentro daquela cidade. Temos que ganhar o apreço e o respeito pela diversidade, porque nos ensina a viver em comunidade com os judeus, os árabes, os coreanos, os latinos, os porto-riquenhos, os italianos, os russos. Neste tipo de experiência, descobrimos que é necessária uma abordagem diferente para cada oportunidade cultural. Fundir-se é adaptar-se e sobreviver.

Você acha que os nova-iorquinos são fortes e resistentes? Pode apostar que são, porque já se acostumaram à diversidade. Houve uma onda de imigrantes que foram adotados por Nova York no início do século 20. Pessoas do mundo todo buscavam o sonho americano. Quando chegaram, optaram por deixar suas diferenças. Estavam cansados das guerras, da pobreza, da fome e do racismo. Tinham vindo à América para reconstruir as suas vidas. Portanto, uniram-se no que tinham em comum: o sonho de uma oportunidade melhor.

Ao alcançarem uma comunidade mista, houve um equilíbrio social que sustentou todas as culturas. Este é o fundamento de uma comunidade forte e estável, em que a diversidade não é mais uma fraqueza, na verdade, torna-se uma força. Se formos

EMBARQUE JÁ • O MUNDO TE ESPERA

capazes de adaptar-nos a cidades como Nova York ou Dubai, podemos fazer isto em qualquer lugar.

Lembro-me de meu avô contando sua história de imigração. Ele veio da Espanha em um grande navio com destino ao Brasil. Tinham pessoas de toda a Europa a bordo. Eram italianos, franceses, espanhóis, alemães. Muitos dos imigrantes já saíram do porto de Santos a caminho de várias fazendas de café no interior de São Paulo. Aquilo era um caldeirão de esperança, todos compartilhando o sonho de uma vida melhor para suas famílias. Meu avô mencionava especificamente como os italianos e os espanhóis se adaptaram à fazenda onde sua família foi trabalhar. Lembrava-se da maneira diferente como se comunicavam, pois muitos falavam dialetos. Em um ou dois anos, criaram uma versão própria da linguagem, misturando dialetos, português, espanhol e italiano. Anos depois, a família do meu avô foi viver em outra fazenda onde existia uma colônia de japoneses, a qual também tinha criado uma linguagem adaptada pela mistura das nacionalidades. A linguagem foi se ajustando à medida que tentavam se comunicar. Com o passar dos anos, novas palavras foram incorporadas ao cotidiano brasileiro.

Hoje a sociedade brasileira é composta por uma confluência de pessoas de diversas origens, dos índios nativos a um afluxo de descendentes de colonizadores portugueses, escravos africanos, imigrantes em geral como europeus, japoneses, chineses, coreanos, sírios, libaneses e tantos outros. O Brasil recebeu um grande número de imigrantes do hemisfério ocidental, junto aos Estados Unidos, Canadá e Argentina. Alguns estrangeiros ainda se equivocam pensando que os brasileiros são principalmente negros ou mulatos. A mistura cultural das últimas décadas tem deixado o seu impacto e o país tem uma notável diversidade criativa, incomparável a qualquer outro lugar.

Dependendo da cultura com a qual estamos interagindo, é importante ficar atento ao que é esperado e tradicional numa relação de negócios. Algumas culturas preferem desenvolver uma relação de confiança antes de entrar em uma negociação, como o chinês, por exemplo. Enquanto outros, como os alemães ou

CAPÍTULO SEIS • DIVERSIDADE

americanos, não costumam compartilhar sua vida com as pessoas com quem estão interagindo profissionalmente, tampouco entretê-las depois do horário de trabalho. Em países como o Brasil, Índia e Arábia Saudita, é muito comum ser convidado para participar de um evento da família por alguns dos seus colegas de trabalho ou clientes. Sinta-se livre para aceitar o convite e honrá-los com a sua presença. A Europa do Norte e os Estados Unidos separam claramente a vida profissional e a pessoal.

Caso 7: Adriana M., natural do Brasil, mas residente nos Estados Unidos.

Enquanto vivi na China, cometi várias gafes culturais, mas rapidamente aprendi minhas lições através da observação e da prática. De uma cultura essencialmente latina, estamos acostumados a abraçar sempre que encontramos alguém. No Brasil, especificamente, damos até três beijos na bochecha. Durante a negociação com uma moça chinesa, marcamos um encontro em um grande evento conhecido como "Canton Fair", para que me entregasse alguns documentos. No entanto, ela teve um problema no trabalho e descobriu que não seria capaz de me encontrar como planejado. Sabendo que eu precisava dos documentos naquele dia, pediu ao seu namorado para que fosse me encontrar no lugar dela e me entregasse os documentos prometidos.

Ao encontrá-lo para receber os documentos, minha tendência natural foi dar-lhe um abraço e agradecer por ter vindo. Mas, simplesmente, o rapaz congelou no momento em que meus braços se abriram ao redor dele. Eu não sabia o que fazer, pois percebi que tinha saído do limite da etiqueta. Para ele, o meu abraço animado não era uma coisa normal. O jovem estava profundamente envergonhado e me senti como uma idiota completa. Tentando salvar o momento, desculpei-me, mudei de assunto e sorri. Eu não conseguia pensar em mais nada a dizer, exceto que me sentia muito envergonhada. Ele estava claramente desconfortável e tentou

EMBARQUE JÁ • O MUNDO TE ESPERA

fingir que nada acontecera. Mas alguma coisa tinha acontecido. Eu não estava ciente dos costumes e das tradições locais. Mesmo com a minha experiência em viagem internacional, há momentos em que ainda tenho que me lembrar de que não estou no meu país.

Caso 8: Adriana M., natural do Brasil, mas residente nos Estados Unidos

Enquanto vivi em Guangzhou, China, tive o privilégio de dividir um apartamento com três culturas muito diferentes: Mike, da Índia; Kauai, da China; e Bony, da República dos Camarões. Mike e eu tínhamos em comum a área de trabalho, já que lidávamos com comércio e exportação. Kauai trabalhava como professora de piano e Bony era um pesquisador de fornecedores para o mercado africano. O desafio de compartilhar um apartamento de dois quartos com quatro culturas totalmente diferentes foi um agradável processo de aprendizagem de paciência, adaptação e tolerância.

Kauai era uma péssima cozinheira, mas sendo a única de nós que falava perfeito cantonês, tornou-se nossa diplomata. Era uma pessoa introvertida, que se esforçava em seus limites pessoais, superando a si mesma e conseguindo um excelente desempenho. Não havia nenhum problema que Kauai não fosse capaz de resolver e nossa vida se tornou mais fácil graças a ela. Mike, por outro lado, era um grande cozinheiro, mas extremamente confuso e desorganizado. Seu hábito de começar algo e não terminar era o suficiente para nos levar à loucura. Era extrovertido e um anfitrião incrível em nossas festas e reuniões, mas sempre saía discretamente deixando a bagunça que fazia para limparmos, sem nenhum sentimento de culpa. Bony era o cavalheiro do grupo, um homem negro muito simpático, que se vestia e falava como um cavalheiro inglês, além de possuir sólidos valores cristãos. Além da fé, também dividíamos um apreço pela música e pela ordem na casa. Nossa amizade cresceu e sobreviveu ao tempo e à distância. Ele voltou para a África do Sul, onde terminou seu mestrado em

CAPÍTULO SEIS • DIVERSIDADE

Administração de Empresas. Agora, dirige o próprio negócio, com iniciativas no Brasil. Tornou-se meu irmão para a vida.

Eu era o quarto canto da praça, aquela que gostava da casa limpa e organizada. Portanto, assumi a liderança. Encarregava-me da limpeza e da organização, em vez de esperar que os outros a fizessem. Além disso, mantinha um calendário para unir nossos eventos e agenda para ter certeza de que mantínhamos uma vida social ativa e variada. Minha determinação e pensamento crítico nos ajudaram a encontrar um equilíbrio adequado entre a perfeição e imperfeição, enquanto aprendíamos a amar uns aos outros e nos respeitarmos como pessoas diferentes. No final, Mike se casou e voltou para a Índia; Bony se casou e mudou-se para a África do Sul; Kauai ficou em Guangzhou; eu me mudei para os Estados Unidos. No entanto, a experiência de vida que tivemos possibilitou nossa conexão.

SIM & NÃO

SIM

- Seja um grande diplomata de sua cultura, representando-a com elegância e graça.
- Valorize a oportunidade de aprender e interagir com outras culturas.
- Corra mais riscos na expansão da diversidade.
- Desenvolva um grupo multicultural de amigos.

NÃO

- Não presuma que sua cultura é melhor ou pior que outras, apenas diferentes.
- Não permita que a ignorância levante um muro em sua mente que poderá separá-lo da beleza e das oportunidades que existem ao redor do mundo.

CAPÍTULO SETE

AGILIDADE CULTURAL

Viajar é fatal para o preconceito, a intolerância e as ideias limitadas; só por isso, muitas pessoas precisam muito viajar. Não se pode ter uma visão ampla, abrangente e generosa dos homens e das coisas, vegetando num cantinho do mundo a vida inteira.

Mark Twain

AGILIDADE CULTURAL

Agilidade Cultural é a capacidade de compreender e trabalhar com múltiplos contextos culturais em um ambiente local ou global, com foco nos resultados. Para as organizações globais atuais, agilidade cultural é a nova vantagem competitiva.

Novas realidades culturais nos forçam a desenvolver estratégias para resolver problemas antigos, criando soluções. A velocidade com que nos preparamos para apresentar resultados determina o sucesso ou o fracasso de qualquer objetivo pretendido. Agilidade cultural significa tomar decisões sem conhecer todos os detalhes, apenas com os recursos disponíveis no momento.

Em um processo de sucesso em ajustes culturais, é importante ser rápido na tomada de decisões e fazer as coisas acontecerem. Se continuarmos a passar nossa vida esperando pelo momento certo para que tudo esteja completo e perfeitamente no lugar, este poderá nunca chegar e a oportunidade vai passar por nós sem estarmos prontos.

Ao adaptar-nos a um novo país, as possibilidades de frustrações do dia a dia são inegáveis, mas lembre-se de ver a experiência global como uma oportunidade de aprendizagem

CAPÍTULO SETE • AGILIDADE CULTURAL

e desafio, e não como qualquer tipo de castigo pessoal. Os desafios que enfrentamos são parte do percurso, uma parte da experiência, por isso planeje adequadamente e tenha suas estratégias no lugar.

Globalização, multiculturalidade e tecnologia rampante são partes de nossa realidade atual e temos de nos adaptarmos e nos esforçarmos para ajustar-nos rapidamente. Ignorar é correr o risco de se tornar obsoleto. Não espere, no novo país, os mesmos padrões e níveis que está familiarizado. A realidade nunca será a mesma de "lá", pois agora está "aqui". Tudo será diferente. Em vez de se concentrar no que está faltando ou como é diferente, tente se adaptar às novidades e formular uma compreensão mais profunda de suas razões e origens. Isto é especialmente necessário em um ambiente profissional. Em sua jornada no exterior, não force paradigmas no novo ambiente. Facilite a entrada com charme e *rapport* (capacidade de entrar no mundo de alguém, fazê-lo sentir que você o entende e que ambos têm um forte laço em comum. É a capacidade de ir totalmente do seu mapa do mundo para o mapa do mundo dele. É a essência da comunicação bem-sucedida. - Anthony Robbins).

Expatriados tendem a não se apressar em adaptar-se, pois a crença principal é que voltarão para casa algum dia. Acreditam que ficarão no país um curto período de tempo e assim sua atitude pode facilmente tornar-se: "Eu estou indo para casa de qualquer maneira, então por que me preocupar? Por que me preocupar em aprender uma nova língua, se vou ficar no país por dois anos? Para que me conectar com as pessoas locais, quando tenho a comunidade de expatriados para socializar?". Esta é uma maneira perfeita de perder completamente o contexto de sua experiência cultural. Em muitos aspectos, esta conduta pode sabotar sua missão profissional.

Os imigrantes, com algumas exceções, tendem a ser muito mais flexíveis e dispostos ao ajuste, investindo tudo em sua agilidade cultural, porque percebem a necessidade de integrar-

EMBARQUE JÁ • O MUNDO TE ESPERA

se o mais rápido possível e tornar-se parte do novo país. Eles têm como pensamento: "Esta é a nossa nova casa, e provavelmente não voltaremos. Precisamos construir uma comunidade, encontrar apoio, fazer amigos e ser aceito". Seu raciocínio e perspectiva são muito diferentes.

Agilidade Cultural é o alongamento exercido, que pode ser mais espontâneo e curioso. Também pode ser visto como um estado da mente. Precisamos acreditar que estamos prontos, que nos sentimos preparados para fazer coisas novas, mesmo sem níveis de certeza, superando o nosso medo do desconhecido. Devemos utilizar os nossos instintos e senso de acuidade para entrar em situações novas e desafiadoras e sair delas.

Caso 9: Daniela, nascida na Alemanha, mas residente na Sicília, Itália

Eu conheci Daniela em 1998. Uma mulher alemã que tinha acabado de se mudar para a Sicília, Itália, com sua filha de cinco anos. Muito parecida comigo, ela também tinha vindo de uma cidade grande. A nova experiência de viver em uma pequena aldeia nas montanhas da região central da Sicília foi um processo de aprendizagem e de adaptação. Ao contrário de mim, Daniela não falava uma palavra em italiano, mas isso não impediu a decisão de iniciar um novo capítulo de sua vida em um país diferente. Chegou com poucos recursos financeiros, mas estava determinada a aproveitar as oportunidades e reinventar a si mesma. Resolveu construir uma nova vida e encontrar espaço na realidade criada para si mesma.

Quando ela chegou, hospedei-a e sua filha em minha casa junto a minha família. Até encontrar uma casa para alugar, fortalecemos uma amizade que superou tanto o tempo quanto a distância. Inicialmente, eu era a única ponte de comunicação entre Daniela e o resto dos habitantes da vila. Éramos as únicas que falávamos alemão em toda a região. No entanto, percebeu que sua sobrevivência dependeria da agilidade com que ela e

CAPÍTULO SETE • AGILIDADE CULTURAL

a filha se adequassem culturalmente. Enfocou a importância de agir, pois seus recursos foram se esgotando.

Determinada a dominar um processo que levaria anos para a maioria das pessoas, mergulhou na realidade social e cultural em torno dela. Matriculou a filha na pré-escola, começou a frequentar as reuniões de pais e mestres, mesmo sem entender o que estava sendo discutido; preparava bolos e tortas e batia na porta das vizinhas para convidá-las para um chá da tarde e um bate-papo. Em pouco tempo, os encontros na casa dela tornaram-se eventos semanais que reuniam mais de vinte mulheres da vila. Daniela começou a dominar a língua.

Eu trabalhava como guia turístico local nas ruínas romanas de Piazza Armerina, em uma cidade vizinha. Recebia grupos de turistas americanos, britânicos, alemães e suíços. Um dia recebi um telefonema da agência que me contratou explicando que tinham mais dois grupos para o dia seguinte: um, alemão, e outro, inglês. No entanto, os grupos foram agendados para o mesmo horário e a agência não tinha mais nenhum guia disponível para aquele dia. Perguntaram se eu conhecia algum guia que pudesse recomendar. Pensei imediatamente em Daniela, que era da Alemanha. Disse que precisava fazer algumas ligações e confirmaria em meia hora.

Daniela demonstrou um pânico inicial, pois nunca tinha trabalhado como guia turístico. Também não tinha qualquer conhecimento sobre a história das ruínas. Mas tinha o aluguel vencendo no dia seguinte e precisava ganhar dinheiro, portanto aceitou o desafio. Durante a tarde, acompanhei minha amiga às ruínas e simulei o trabalho como guia, com um script que tinha usado como apresentação inicial. À noite, ela estudou a literatura, a geografia e a história do local. No final, sabia mais sobre as ruínas da Sicília que a maioria dos sicilianos. Recebemos nossos grupos no dia seguinte e, graças a sua compreensão de agilidade cultural, abraçou a oportunidade e tivemos um dia de muito sucesso. A experiência veio com a prática e não o contrário.

Em pouco tempo, Daniela já estava sendo contratada como guia turístico para outros grupos internacionais e sua identidade italiana tinha florescido como um novo personagem. Em apenas quatro meses, deixou de ser um turista que não conhecia a língua nem a cultura, para ser um guia turístico local, um membro da associação de pais e professores da escola local. Desenvolveu uma interessante vida social em sua comunidade. Sua determinação e rápido comprometimento com a tomada de decisão foram elementos fundamentais no desenvolvimento de sua agilidade cultural, que a levou a resultados muito maiores. Vive atualmente na Alemanha, com a sua filha e trabalha como palestrante e *coach* de relacionamentos.

Então, quais seriam algumas das maneiras de alongar, flexionar, aprimorar, aprender e praticar agilidade cultural antes de iniciar a sua jornada? Seja proativo no sentido de obter o máximo de informações que puder. Faça sua pesquisa. Faça contato com a população local. Prepare-se com antecedência, tanto quanto possível, aprendendo mais sobre o lugar que você está indo. Contate as comunidades internacionais de seu interesse perto de sua casa e vá conhecer as pessoas. Construa sua rede de amizades globais, discuta o fato de que em breve estará partindo para um novo país e gostaria de aprender mais sobre a cultura.

Aproveite qualquer oportunidade cultural surpresa. Se estiver indo para a África e descobrir que há uma feira popular de Arte Africana acontecendo no centro cultural de sua cidade, vá até lá, seja curioso e proativo. Não espere que as oportunidades cheguem até você, procure por elas. Quando iniciamos uma jornada, o universo conspira a nosso favor e temos oportunidades relativas à cultura que vamos nos integrar, que nunca tínhamos notado antes.

SIM & NÃO:

SIM

- Seja ágil na adaptação. A velocidade e a agilidade do ajuste definirão o seu sucesso.

CAPÍTULO SETE • AGILIDADE CULTURAL

- Seja rápido ao responder à transição. Em vez de tentar lutar contra, siga o fluxo.
- Entenda que, quanto mais rápido se adaptar ao novo ambiente, mais rápido se divertirá e se sentirá pertencente a ele.

NÃO

- Não leve muito tempo para refletir sobre decisões ou descobrirá que a oportunidade se foi.
- Não se preocupe em ser perfeito. Seja a melhor versão de si mesmo.
- Não se bloqueie em uma conversa com estranhos enquanto estiver aprendendo uma nova língua só porque ainda não é proficiente. Concentre-se na comunicação com sorrisos, gestos etc. Sua habilidade melhorará dramaticamente com a prática e será admirado pelo seu esforço.
- Não se sinta constrangido quando alguém corrigir seus erros de linguagem. Em vez disso, agradeça a pessoa por ajudá-lo a aprender. Peça mais exemplos e tente memorizá-los.

CAPÍTULO OITO

As ações são visíveis, embora os motivos sejam secretos.

Samuel Johnson

MOTIVO

Um motivo é definido como uma necessidade ou um desejo forte que leva uma pessoa a tomar uma atitude. A motivação pode ser vista como a ponte que vai nos levar do ponto A ao ponto B. Se ela for composta somente de uma parte, quebrará. Uma ponte, para conectar uma ampla distância, deve ser flexível e ajustável. Quais são as razões que nos levam a perseguir determinados objetivos? Como podemos definir o sucesso ou o fracasso de nossas ações? Você deve saber a razão pela qual está fazendo algo. Esse é o seu motivo.

Qual é a natureza da nossa motivação? A motivação de natureza negativa é uma força compulsória que evita situações dolorosas, como dificuldades financeiras, problemas de relacionamento, desarmonia familiar, falta de oportunidades, falta de segurança, perda da liberdade. A de natureza positiva é estimulada pelo senso de aventura, curiosidade, oportunidade, reunião com a pessoa amada, sonhos, objetivos, qualidade de vida, progresso. Por isso, podemos ser conduzidos tanto por motivos de natureza positiva ou negativa. A natureza da nossa motivação (positiva ou negativa) é tão importante como a intensidade do nosso motivo.

CAPÍTULO OITO • MOTIVO

Isso é útil porque nos ajuda a definir nossas emoções e capacitar os pensamentos construtivos durante o processo.

Quando nossas motivações não são suficientemente fortes, deixamos de construir as bases necessárias. Logo, podemos causar uma autossabotagem, a qual destrói pontes e oportunidades, provocando frustração e sentimentos de fracasso. Qualquer que seja a natureza da nossa motivação, é importante fortalecê-la com mais razões de natureza positiva, pois atuarão como blocos estabilizadores nas pontes que construímos. Cada razão positiva que temos funcionará como um bloco na ponte. Caso haja falha, um bloco apoia o outro.

O que devemos fazer quando descobrimos que nossas motivações são provenientes de fatores negativos? Temos que analisar a motivação com outra perspectiva, ancorá-la e fortalecê-la com razões positivas. Por exemplo, pode parecer uma natureza negativa se você for obrigado a ir à China porque a empresa onde trabalha está enviando sua equipe de produção para a nova unidade a ser aberta. Porém, se associar à situação um motivo positivo, como uma oportunidade de desenvolver uma carreira internacional, aprender uma nova língua e ainda conhecer o país por conta da empresa, poderá transformar o negativo em algo positivo, uma motivação para atingir o sucesso. Compreender isto é muito importante porque nossa mente subconsciente executa um programa que está sempre tentando nos afastar da dor ou nos movendo em direção ao prazer.

Embora não estejamos cientes, a programação mental afeta profundamente aspectos de nossas vidas. Você sabe qual é a sua motivação? Ela vem afastando-o da dor ou movendo-o em direção ao prazer? Pense nisso. Qual é a natureza de sua motivação? Se você está fazendo as coisas para afastar-se da dor, pode reconstruí-las de uma maneira que faça com que se mova em direção ao prazer? Como pode encontrar razões de natureza positiva que reforçar a base da sua ponte? Liste pelo menos

EMBARQUE JÁ • O MUNDO TE ESPERA

três motivos de natureza positiva e tente encontrar razões que o motivem para atingir um objetivo desejado.

Cuidado para não criar âncoras emocionais negativas, enquanto enfrenta desafios. Tente imaginar como se sentirá quando tudo estiver resolvido e for bem-sucedido. Veja-se, no final da jornada, vitorioso e realizado. Âncoras negativas não nos dão a força necessária para trabalhar e alcançar nossos objetivos. Concentre-se na construção de uma consciência positiva. Nunca se concentre no sofrimento ou falhará. Transforme a motivação em paixão e propósito.

Caso 10: Fabíola, nascida no Brasil, mas residente na Suíça.

Fabíola possui uma personalidade introvertida e muito analítica. Há muitos anos, decidiu viajar para a Suíça para visitar sua irmã, que estava morando lá. Nunca teve qualquer desejo de trabalhar ou viver no exterior. A única motivação que a levou a pedir um período de férias de três meses na empresa onde trabalhava na área de contabilidade foi o desejo de melhorar os sintomas de estresse pós-traumáticos que estava sentindo, causado pela infelicidade de ter sido assaltada três vezes em um mês, fazendo o percurso de casa à universidade em que estudava, em São Paulo. Sentia que não tinha uma vida normal. Não conseguia dormir bem e evitava qualquer atividade social. Não queria ir a lugar nenhum, pois tinha medo de andar pelas ruas da cidade e ser assaltada. Foi diagnosticada com Síndrome do Pânico e aconselhada por seu médico a mudar de ambiente. Precisava se distanciar da causa de seu stress.

Apesar de estar muito satisfeita com seu emprego em uma importante empresa, decidiu correr um tipo diferente de risco e pediu férias prolongadas para visitar sua irmã na Suíça. Porém, estava indo a um país onde não tinha nenhum conhecimento da língua e da cultura. As duas primeiras semanas na Suíça foram preenchidas com a emoção de reencontrar sua irmã e conhecer um lugar totalmente novo. Mas o frio do inverno e a realidade de sentir-se isolada chateavam-na.

CAPÍTULO OITO • MOTIVO

Sem falar qualquer outra língua além do português e enfrentando as dificuldades naturais de um ambiente socialmente diferente, Fabíola começou a desenvolver o mesmo padrão de isolamento e pensou em voltar para casa sem realmente experimentar o que aquele país tinha para oferecer. No entanto, a irmã discordou dos planos e tentou ajudá-la a encontrar razões positivas na experiência.

Fabíola matriculou-se no curso de alemão. Com a sua nova rotina, fez amigos e começou a descobrir um novo aspecto da cidade e aprender mais sobre as pessoas locais. Decidiu inserir-se na atmosfera e permitiu-se ser uma parte daquela nova realidade. Poucas semanas depois, foi convidada por um amigo para ajudar em um evento em uma pequena cidade no norte do país. Mesmo insegura, tomou a decisão de ir. Usando sua coragem, sem questionar se o domínio da língua alemã seria o suficiente para se comunicar com os membros da equipe, simplesmente foi.

O motivo dela havia mudado. Antes se concentrava em se afastar da dor e do stress que tinha passado no Brasil, agora sua motivação estava se movendo em direção ao prazer, para potencializar o seu próprio desenvolvimento pessoal e fortalecer sua capacidade de se adaptar àquela nova realidade. Descobriu que sua determinação foi suficiente para transportá-la da posição de turista insegura para a de membro de uma equipe, admirada e apoiada pelos colegas. Sua coragem e determinação, apesar das deficiências na linguagem, renderam-lhe um convite oficial para participar da equipe de forma permanente.

Retornou ao Brasil e se demitiu do emprego anterior. Enquanto cuidava de detalhes práticos, aguardou a liberação de seu visto de trabalho e, em menos de três meses, voltou para a Suíça. Determinada, tomou a decisão de aproveitar a oportunidade e criar uma nova história para sua vida. Vinte anos mais tarde, ainda vive na Suíça e tem a honra de chamá-la de pátria.

No caso de Fabíola, os motivos que provinham de uma natureza negativa (o trauma de ser assaltada e o medo de andar pelas ruas da cidade) não foram suficientes para estimulá-la a superar as dificuldades que tinha que enfrentar. No entanto, ao ancorar sua decisão de permanecer na Suíça com a emoção construtiva e motivações de natureza positiva, a mudança mostrou-se decisiva e eficiente. Agora, caminhar sozinha pelas ruas da cidade é uma experiência agradável.

Temos um poderoso recurso que podemos usar: a "escolha". Se não gostarmos, podemos mudar. Podemos escolher entre ajustar as circunstâncias ou selecionar opções diferentes, optar por ir embora ou por ficar e fazer as coisas melhorarem. A melhor estratégia é parar de sentir pena de si mesmo e deixar de se concentrar no negativo, procure ver o mundo através de um ângulo positivo.

SIM & NÃO

SIM

- Defina o seu propósito.
- Compreenda a diferença entre afastar-se da dor e mover-se em direção ao prazer.
- Identifique as forças internas para alavancar suas ações. Nutra-as.
- Ancore emoções positivas e fortaleça-as.
- Procure maneiras de contribuir para a vida de outras pessoas durante a sua jornada.

NÃO

- Não permita que os motivos negativos sejam a única força motivadora em suas metas e objetivos.
- Não alimente quaisquer pensamentos negativos. Supere-os.
- Não culpe os outros. Assuma a responsabilidade por sua vida.

CAPÍTULO NOVE

DETERMINAÇÃO

Uma falha estabelece apenas isto: que a nossa determinação para ter sucesso não era forte o suficiente.

John Christian Bovee

DETERMINAÇÃO

Determinação é o ato de decidir definitivamente. Ser uma pessoa determinada é ter uma firmeza de propósito. É saber que não vai desistir, não importa como. A vida apresenta várias situações vindas em nossa direção. Sem determinação, desistiríamos facilmente de tudo. A verdade é que uma mudança bem-sucedida não é feita somente de glórias. Podemos ter certeza de que o padrão é mais como um ioiô, com altos e baixos. Esteja comprometido consigo e não desista diante de qualquer desafio.

Diferentes circunstâncias aparecem para tentar nos tirar da direção ou no afastar do resultado. Isto é como a vida está constantemente nos testando e obrigando-nos a crescer. A sua voz interior deve ser maior e mais alta do que qualquer crítica. O momento em que estamos prestes a desistir é o momento em que estamos mais próximo de nossos objetivos. Não atingir o que queremos não é um fracasso, é apenas um resultado. A falha real ocorre no momento em que desistimos.

Enquanto você lê o capítulo, considere as seguintes perguntas: Você costuma terminar os projetos que começa? Quando as pessoas ao seu redor estão desencorajadas e desistindo de seus

CAPÍTULO NOVE • DETERMINAÇÃO

objetivos, qual é a sua reação? Quanto tempo costuma ficar comprometido com uma missão antes de desistir? Qual foi a última coisa de que desistiu? Arrepende-se de não ter sido mais determinado? Sente-se assustado ao pensar em se ajustar a outras culturas? Estas perguntas têm o objetivo de ajudá-lo a ter uma visão sobre o que você precisa trabalhar para assegurar a melhor transição para outra cultura. A minha esperança é que reserve um tempo para respondê-las e dar-lhes a consideração necessária.

Ter um mapa claro de onde você quer chegar ajuda a desenvolver a estratégia necessária. Ter determinação é ser inventivo e engenhoso, além de forte. Se uma circunstância se apresenta como uma lombada no caminho, encontre maneiras de passar por cima dela. Precisará contar com muita determinação em sua jornada pelo mundo. Determinação também é a energia que atua como um combustível para nossas metas e nossos objetivos. Certifique-se de manter o tanque cheio.

Na minha pesquisa, a determinação foi nomeada o segundo fator em nível de importância para o sucesso de imigrantes e expatriados. Quando as pessoas olham para trás e analisam o que as levou a sair do ponto de partida e chegar onde queriam, percebem que o fator determinação foi imprescindível. Lembre-se: o seu mapa pessoal é para onde quer ir. É a determinação que transforma o seu sonho em realidade. Portanto, tenha vontade de atingir seus objetivos.

A determinação faz com que algo que tenha começado se transforme em realização. Com determinação, terá mais motivação, energia e perspectiva. Quando está determinado, vê o mundo com clareza em qualquer situação, especialmente quando surgem os desafios. Controla o estresse e as emoções, mantém o foco e a paixão.

Quando falo sobre determinação na adaptação cultural para meus clientes e amigos, digo para agirem como se não tivessem um lugar para voltar. Essa atitude capacita-os a agir com mais determinação. Se você mantiver o foco em "Se não der certo, tudo

EMBARQUE JÁ • O MUNDO TE ESPERA

bem, eu tenho para onde voltar", continuará criando desculpas para não avançar. Sabotará a si mesmo, sentindo-se como "Ok, se isso não funcionar, eu posso ir para outro lugar." Lembre-se de que a principal diferença entre a mentalidade de imigrantes e de expatriados é a força de identificação. Se pensar nos imigrantes bem-sucedidos da primeira parte do século passado, verá que não tinham como retornar à pátria de origem, portanto tinham que fazer o melhor na terra em que estavam.

Determinação é o fator que pode transformar os nossos sonhos em realidade. Não seja muito emocional diante dos desafios, seja racional e apaixonado por seus objetivos. Basta lembrar que há sempre um caminho, mesmo quando não é exatamente como tínhamos imaginado.

Qual o nível de determinação em sua vida diária? Compreender isto dará dicas sobre o tipo de resultado que pode esperar quando for iniciar sua jornada pelo mundo. Se desiste aqui, é muito provável que agirá da mesma maneira lá fora, desperdiçando oportunidades reais. Como pode fortalecer seu nível de determinação? Como pode praticar mais autoconsciência e disciplina para ajudá-lo nesta área?

Caso 11: Adriana M., nascida no Brasil, mas residente nos Estados Unidos.

Desde criança, alimento o sonho de viajar pelo mundo. Minha primeira oportunidade de sair do Brasil apareceu quando eu tinha apenas dezoito anos de idade. Eu estava trabalhando como auxiliar de escritório em uma pequena empresa, em que meus empregadores eram dois irmãos nascidos em Israel. Eles haviam migrado para o Brasil com a mãe, deixando para trás o irmão mais velho, que queria terminar seus estudos na faculdade de direito e conseguir um emprego como advogado em seu país de origem. Depois de cinco anos vivendo no Brasil, sua mãe foi diagnosticada com câncer terminal e a família foi informada de

CAPÍTULO NOVE • DETERMINAÇÃO

que não teria mais do que duas ou três semanas de vida. Ela disse a seus dois filhos que não queria morrer sem ver o mais velho, o qual havia deixado em Israel. Isso aconteceu durante os anos oitenta, época em que não tínhamos telefone celular nem internet.

Cerca de duas semanas antes do diagnóstico, o irmão mais velho, Omar, entrou em contato com seus irmãos para informá-los de que havia recebido uma oportunidade de trabalho na Turquia. Ele estaria viajando para a entrevista e, se conseguisse o cargo naquela empresa, notificaria assim que instalasse um telefone. Eles tinham anotado o nome da empresa e agora estavam ansiosos para encontrá-lo, à luz da nova notícia a respeito de sua mãe.

Sem saber como entrar em contato com o irmão, mas sabendo que o tempo era essencial em relação ao estado de sua mãe e seu último desejo, pediram-me para fazer uma viagem a Istambul, na Turquia, para procurar Omar. Imaginavam que, por se tratar de uma grande empresa, Istambul deveria ser a sede.

Eu estava trabalhando na empresa há dois anos e os irmãos sabiam da minha vontade de viajar para outros países. Não hesitei em aceitar o desafio, porque sempre quis conhecer o mundo e vi como uma oportunidade para fazer exatamente o que sonhava. Agora a oportunidade batia em minha porta. "Sim", eu disse, "Eu posso fazer isso!"

O primeiro obstáculo que tive de enfrentar foi conseguir a permissão de meus pais. Eu sabia que não concordariam e não me dariam permissão. Quem sabia algo sobre a Turquia, exceto que estava do outro lado do mundo? Eu mesma não tinha ideia da realidade da Turquia em termos de linguagem, tradições e costumes, na verdade, nem sabia exatamente onde a Turquia estava localizada no mapa.

Como não tinha passaporte, outro obstáculo a ser superado, porque no Brasil precisava ser maior de vinte e um anos para obtê-lo na época, era necessária a assinatura dos pais para dar entrada. Por isso precisava procurá-los, já que não morava mais

EMBARQUE JÁ • O MUNDO TE ESPERA

com eles. Estavam divorciados e vivendo cada um em uma cidade diferente. Mas eu estava determinada a ir e assim comecei a definir meu plano de ação e a pôr em prática as estratégias.

Inventei uma história, que não era completamente mentira, para que os meus pais assinassem minha emancipação legal. Precisava disso para poder pedir crédito universitário sem que precisassem ser fiadores. Apenas acelerei o processo, não podia perder a oportunidade. Eles concordaram. No mesmo dia, fui ao departamento de passaportes na polícia federal e fiz o pedido com apelo de urgência. Meu passaporte ficou pronto no dia seguinte. Fui à agência de viagens, onde me ajudaram com o visto necessário para a Turquia. Devido à natureza da viagem e da assistência de meus empregadores, consegui obter um visto de emergência e viajar imediatamente. Quatro dias depois de ser informada sobre a oportunidade de ir à Turquia, eu estava no avião. Era uma manhã de sexta-feira, um voo de São Paulo a Istambul, com conexão em Paris.

Enquanto tentava descobrir como chegar ao portão designado dentro do terminal no Aeroporto Charles De Gaulle, percebi que meu inglês de escola pública não era suficiente para me virar. Enquanto estava no portão, vi um grupo com duas moças e um rapaz, que começaram a conversar comigo em francês. Expliquei que poderia entendê-los melhor em Inglês, mas percebi rapidamente que o inglês deles era muito pior que o meu, mas eu precisava encontrar uma maneira de me comunicar. Sentei-me perto deles no voo e nos tornamos amigos. Descobrimos que íamos para a mesma área e que os nossos hotéis ficavam muito próximos. Fizemos planos para nos encontrarmos no saguão do hotel e passar o sábado juntos, passeando e visitando algumas das áreas turísticas.

Nós dividimos um táxi para a área do centro onde ficaríamos e dei boa-noite aos meus novos amigos. Assim que fiz meu check-in no hotel, entreguei meu passaporte (naquela época era costume a recepção ficar com seu passaporte por algumas horas

CAPÍTULO NOVE • DETERMINAÇÃO

até que pudessem fazer cópias) para o gerente do hotel, fui para meu quarto, desfiz as malas e me preparei para dormir. Sabia que seria uma aventura e estava apenas no início da minha jornada.

Quando estava saindo no dia seguinte, que era um sábado, o recepcionista do hotel me lembrou de pegar o passaporte. Agradeci a ele, coloquei o passaporte em minha bolsa e me encaminhei para a porta principal. Às 14h30, como planejado, meus novos amigos me encontraram para nosso passeio.

Começamos a caminhar ao redor da área procurando pelas atrações turísticas na cidade. Era agosto, o mês do Ramadan para a população islâmica, e praticamente não havia ninguém nas ruas. É claro que, naquele momento, eu não tinha a menor ideia do que fosse Ramadan. A única informação que tinha na época sobre o Islã era baseada na leitura da obra "As Mil e Uma Noites", uma coleção de histórias do Sul da Ásia e contos populares compilados em árabe durante a Idade de Ouro islâmica e Ocidental.

Notamos que estava muito calmo e tranquilo. Ali estávamos nós, os turistas, que não sabiam nada sobre o Islã, andando pela cidade. Um edifício muito bonito chamou nossa atenção. Foi o primeiro lugar que visitamos. Era uma mesquita. Em muitos países, as catedrais estão entre os primeiros lugares que as pessoas visitam. Vimos isso como um belo edifício arquitetônico com significado religioso, mas não estávamos conscientes das crenças e costumes tradicionais. Olhando para trás, não tinha ideia e admito que, talvez naquele momento, não estava interessada nas crenças locais. Eu não tinha um guia ou mapa, e estava apenas indo conhecer lugares que pareciam interessantes com o meu novo grupo de amigos.

Sem saber que não estávamos autorizados a entrar, adentramos na mesquita para nos proteger do calor. Não estávamos conscientes das sandálias do lado de fora da porta e não pensamos que devíamos tirar nossos sapatos. Lá estávamos nós, caminhando pela mesquita vestidos em roupas de verão muito reveladoras, pernas e ombros expostos. Estava tão quente na verdade, que uma das meninas decidiu tirar seu vestido e ficou só de camiseta regata e shorts. De repente, do nada, um senhor desdentado veio correndo em nossa direção. Parecia muito irritado e gritava conosco em turco. Não entendíamos o que estava acontecendo. Então nos empurrou para fora da mesquita fazendo gestos grosseiros. Sem compreender o que estava acontecendo, o jovem francês, que estava conosco, saltou sobre o homem turco e empurrou-o para longe. Uma briga começou. Não tínhamos ideia de que nos avisava que não estávamos autorizados a entrar na mesquita. Apenas, víamos um velho louco nos atacando. Ficamos felizes quando finalmente ele saiu correndo.

Em menos de dez minutos, o velho estava de volta, desta vez com a polícia. Meus amigos franceses começaram a discutir com o policial. Eu estava tentando explicar o que aconteceu no meu inglês despedaçado e o policial não falava qualquer idioma além do turco. Fomos presos. Levaram-nos a uma pequena delegacia de polícia, nas proximidades. Ninguém ali falava inglês e havia poucas pessoas trabalhando. Nenhum deles nos explicou o que estava acontecendo ou mesmo por que fomos presos. Mais tarde, é claro, percebi que era uma equipe pequena, pois estávamos no mês sagrado do Ramadan e os turnos de trabalho eram mais curtos devido ao jejum durante o dia.

Era sábado à noite e eu estava na Turquia há menos de 24 horas. Foi a minha primeira vez fora do meu país e estava sentada numa cadeia. O pior pensamento era que ninguém sabia que meus pais não sabiam onde eu estava. Como é que explicaria a eles? Não poderia encontrar as palavras para dizer ao meu pai mesmo que me permitissem um telefonema. O que eu diria? "Alô, pai? Por favor, me ajude, eu estou numa prisão na Turquia!". O único alívio que sentia naquele momento era que não era permitido nenhum telefonema. Na verdade, nem sequer vi um telefone.

Por volta das 22h, alguém veio limpar o departamento de polícia. Era um senhor idoso com um cigarro pendurado para fora do canto da boca. Tinha um rosto amigável parecendo um

CAPÍTULO NOVE • DETERMINAÇÃO

personagem de filme e cantarolava enquanto varria. Olhou para nós sorrindo e continuou com o seu trabalho. Eu pensei: "Esta é a minha chance. Eu tenho que fazer alguma coisa!"

À medida que o homem caminhava até a mesa, notou uma grande pilha de papéis. Começou a olhar os passaportes e caminhar calmamente em minha direção. Um grande sorriso brotava de seu rosto. Começou a falar comigo. "Brasil, Brasil, gud... Brasil Pelé!, gud. Futebol, gud, Brasil, Pelé!, very gud!". Minha mente não conseguia entender o que ele achava de tão bom no Pelé ou no futebol. Quem quer discutir futebol enquanto está sentada na cadeia? Pensava: "Para o inferno com o futebol, eu nunca mais vou sair daqui!"

Meus amigos me disseram para ficar longe do homem, porque já tínhamos problemas suficientes para aquele dia. Quem sabia quem ele era ou o que estava querendo? Mas algo me dizia que era um bom homem. Afinal, parecia muito interessado no Brasil e no futebol, além de adorar ao Pelé (heheh). Decidi fazer o meu melhor em tentar me comunicar com ele. Dei-lhe um sinal para que voltasse e, por cinco minutos, utilizando sinais de mão, rostos, gestos e movimentos que mais pareciam um campeonato de charadas, fui criando algum tipo de relacionamento com o homem. Fiz um gesto pedindo para que me trouxesse um pedaço de papel e caneta. Desenhei um telefone e escrevi as palavras "Brazil Embassy". Estava tentando pedir-lhe para ligar para a Embaixada do Brasil, mas apenas olhou para mim e sorriu. Pegou o papel da minha mão, olhou, amassou e jogou no caixote do lixo. Terminou sua limpeza, acenou para nós e saiu pela esquerda.

Lembro-me de ficar frustrada, mas estava determinada a não desistir até encontrar uma solução, a qual veio na manhã seguinte, sete em ponto. Um policial chegou para abrir o estabelecimento e encontrou um homem que estava esperando na porta. Trabalhava na Embaixada do Brasil e gostaria de falar comigo. Apresentou-se como Claudio e disse que teríamos que esperar para conversar com o chefe de polícia. Só então seríamos capazes de saber mais sobre a situação. Explicou que recebeu um telefonema informando que uma jovem do Brasil havia sido presa.

O chefe de polícia relatou o que aconteceu e como chegamos a ser presos. Então, Cláudio expôs nossa falta de informação sobre muçulmanos, suas crenças e tradições islâmicas, além dos costumes sobre mesquitas e Ramadan. Justificou o nosso comportamento, culpando-nos por nossa pura ignorância e não por desrespeito. Afinal, não sabíamos o que tínhamos feito. O chefe de polícia pareceu ser muito compreensivo. Disse a Cláudio que a verdadeira razão para a prisão foi a briga, mas nos libertaria esperando que tivéssemos aprendido a lição sobre a falta de respeito. Tivemos muita sorte, porque a ignorância da lei (ou costumes e tradições) geralmente não é uma desculpa válida para a liberação.

Claudio voltou para o hotel comigo. Enquanto caminhávamos, contei minha história, começando de como vim parar na Turquia. Ele ofereceu ajuda para encontrar a pessoa que eu estava procurando. Dei-lhe o nome da empresa para a qual Omar estava supostamente trabalhando e começamos a procurar nas Páginas Amarelas. Descobrimos que a tal empresa não estava listada em Istambul. "Já que Omar era um cidadão israelense, talvez sua embaixada continha alguma informação que pudesse nos ajudar.", disse Cláudio, solicitando um pedido para que o notificassem da situação de sua mãe no Brasil. Usando conexões e relações diplomáticas de Cláudio, descobrimos que o rapaz estava morando em Ankara e não em Istambul, como imaginávamos.

Omar entrou em contato com Cláudio, na Embaixada do Brasil, que providenciou um visto de emergência para que o rapaz pudesse sair do país. Encontramo-nos em Istambul e voltamos ao Brasil. Pousamos no Aeroporto Internacional de São Paulo pela manhã, a tempo de abraçar sua mãe, que morreu às 10h do mesmo dia.

Hoje percebo que jamais teria encontrado Omar se não tivesse passado pela prisão e conhecido Cláudio. Quando penso

CAPÍTULO NOVE • DETERMINAÇÃO

sobre a situação em sua totalidade, posso ver uma orquestração clara, sincronicidades e coincidências que nos levou ao objetivo. O universo conspirou para o sucesso da minha missão e Deus fez questão de enviar as pessoas no momento certo. E todos os problemas valeram a pena? Claro que sim. Omar estava lá para abraçar sua mãe antes dela dar seu último suspiro, eu tive minha primeira experiência de viagem ao exterior e lições importantes foram aprendidas. Os percalços que superei com a experiência me fizeram completar a missão, não cedendo ao estresse e eliminando obstáculos à medida que chegavam, confiando que são pedras necessárias ao longo do caminho. Não importa o quão ruim a situação possa parecer, confie que tudo se resolve. Nunca perca a esperança e não importa o que aconteça, busque clareza na situação. Procure por sinais e oportunidades.

Quando me recordo daquele senhor que veio limpar a delegacia, lembro-me de como estava chateada no começo. Havia feito um esforço para tentar me conectar com ele sobre o assunto do futebol para ver se poderia me ajudar, mas jogou o papel no lixo e sorriu. Lembro-me de pensar: "Que sujeito mais insensível!", mas não era. Foi um anjo que apareceu lá naquela noite. Presumi no momento em que jogou fora o papel que fez isso porque não se importava, mas não era o caso. Entendeu o recado e fez o que precisava fazer. Serei eternamente grata.

Depois do enterro da mãe, Omar contou aos meus empregadores como consegui encontrá-lo na Turquia. Sentiram-se tão culpados. "Oh meu Deus, Adriana, como pudemos colocá-la nessa situação?" Expliquei que a alegria da mãe vendo seu filho antes de morrer tinha compensado o transtorno. Ganhei muita força com a experiência. Voltei me sentindo uma heroína. Meu alto nível de determinação estava formado e sabia que qualquer coisa que pusesse na cabeça se tornaria uma missão.

Voltei para Istambul quase vinte anos depois. Fui à delegacia onde vivi o episódio, conversei com algumas pessoas, contei a história, mas não consegui descobrir quem era o homem de limpeza. Depois de mais de 10 anos, contei a história real a meus pais e souberam sobre a minha primeira aventura no estrangeiro.

Caso 12: Hassan G., de Marrocos

Hassan era um jovem surfista, saudável e alegre das praias de Casablanca, na qual conheceu sua bela namorada, apaixonaram-se durante as férias dela no Marrocos e, um ano depois, decidiram se casar e morar nos Estados Unidos. Foram viver em Nova York, onde Hassan encontrou um emprego em um restaurante fast food.

Ele aprendeu que a vida em uma cidade grande tinha uma dinâmica completamente diferente e sua esposa não estava interessada em ficar em casa cozinhando e lhe dando carinho. Para sua surpresa, o estilo de vida dela era preenchido com eventos, festas e diversão com amigos nos famosos bares e restaurantes que a 'Big Apple' tinha para oferecer. Estava em choque cultural.

Dezoito meses mais tarde, a esposa o deixou, pois o marido não conseguia se ajustar a sua forma de vida cosmopolita. Hassan sabia que sua determinação era a única coisa que restava para manter os pedaços de sua vida juntos. Voltar ao Marrocos era uma remota opção em sua mente. Assim que a amada desapareceu, sem deixar endereço para contato ou declaração de divórcio, começou sua batalha para manter o seu estatuto de residente legal.

Sem proficiência no idioma e sem dinheiro para contratar um advogado para cuidar do seu caso, sua única opção foi representar a si mesmo e não desistir. Durante cinco anos, enfrentou longas filas no departamento de imigração, tentando aprovar a renovação da sua autorização de residência temporária. Mesmo tendo sua deportação decretada, não desistiu. Pediu uma entrevista com outro funcionário da imigração, que lhe concedeu um período de graça de seis meses para localizar sua esposa, se divorciar e apresentar novamente um pedido de renovação diante do novo cenário. Hassan começou a busca por sua esposa, encontrou-a e completou os requisitos necessários. Um ano depois, apesar dos desafios e contra todas as probabilidades, recebeu sua cidadania e se tornou um orgulhoso cidadão dos Estados Unidos. Foi a sua determinação que o levou ao lugar desejado.

Mudou-se para Flórida, iniciou uma empresa de paisagismo, encontrou outra namorada e se casou novamente. Tornou-se o orgulhoso pai de duas lindas meninas. No entanto, depois de alguns anos, a nova esposa também decidiu deixá-lo, abandonando as filhas, em busca de uma nova vida. Como pai solteiro com duas filhas, uma empresa para cuidar e pouco recurso, descreveu o que passou na época como "inferno" e "purgatório" na Terra, sem família ou amigos para dar uma mão ou oferecer apoio. Mas, novamente, a sua determinação o fez superar as adversidades. Assegurou que nenhuma pessoa ou circunstância iria detê-lo. Fez o que precisava fazer e perseverou. As chaves para o sucesso de Hassan foram baseadas em sua determinação, ética de trabalho, honestidade, autoestima elevada e amor por suas filhas. As meninas hoje são adolescentes lindas, felizes, ótimas estudantes e o orgulho de um homem que acreditou em seu sonho e nunca desistiu.

SIM & NÃO

SIM

- Meça o seu nível de determinação durante as diferentes fases de sua jornada.
- Procure apoio quando sente que está saindo da pista.

NÃO

- Não comece algo que não está determinado a terminar.
- Não desista diante das falhas.

CAPÍTULO DEZ

FLEXIBILIDADE E RESILIÊNCIA

Esteja comprometido com suas decisões, mas seja flexível na sua abordagem.

Anthony Robbins

🌐 FLEXIBILIDADE E RESILIÊNCIA

A flexibilidade é a capacidade de dobrar-se sem quebrar, adaptando-se ao novo. Ser flexível significa que é ajustável. Resiliência é a capacidade de recuperar-se, ou ajustar-se facilmente a um desafio ou mudança e poder voltar a sua forma original depois de ser alongado ou comprimido. Podemos ser flexíveis ou resilientes e ainda manter a nossa identidade. Eu gosto de usar como exemplo uma expressão que temos na biologia que diz que "uma das características de um ser vivo é a capacidade de reagir e se adaptar às mudanças e estímulo, sem perder sua integridade." Portanto, flexibilidade e resiliência podem ser contrastantes, mas são complementares.

Quando olhamos para o funcionamento de uma célula, aprendemos que possuem uma membrana permeável a qual permite às substâncias circularem de dentro parar fora e vice-versa. Não importa o que está se movendo dentro ou fora, a célula continua a ser uma célula. O movimento das coisas que vêm e vão não alteram a origem da célula, que não muda a essência ou a integridade. Como um ser inteiro, nós também temos essa característica. Certas situações podem mover-nos, sejam fí-

CAPÍTULO DEZ • FLEXIBILIDADE E RESILIÊNCIA

sicas, comportamentais ou sociais, mas continuamos a ser o que somos em nossa essência. Ajustamo-nos e nos adaptamos, mas ainda somos a mesma pessoa. Portanto, não tenha medo de perder sua identidade central por se adaptar às novas situações.

Enquanto lê o capítulo, pergunte-se: Quão flexível você é na vida diária? Pressiona para ter as coisas à sua maneira ou aceita a maneira da outra pessoa? Como se sente sobre as opiniões dos outros? É capaz de recuar em suas necessidades e ajustar-se à situação como é apresentada sem sentir que está sofrendo? Como classificaria a sua adaptabilidade geral? O processo de vivenciar outra cultura nos ajuda a abrir a mente, desde que possamos nos lembrar de que nada é eterno, tanto em mudanças como em situações inesperadas. Aceitar um ponto de vista diverso ou tentar uma maneira diferente de fazer as coisas ajuda. Ajuste-se a qualquer circunstância. É no final de um desafio que nossa personalidade cresce e não se anula. Isto é flexibilidade e resiliência na prática.

Quando construímos uma nova vida no exterior, a experiência fundamentalmente nos modifica. A cultura e o país terão seu próprio efeito sobre o que pensamos e o que somos. Vamos adaptar nossas crenças ao ambiente. O processo aproximará nossa identidade e nos tornará pessoas mais autossuficientes. Começar do zero em um novo lugar nos dá mais conhecimento, força, níveis elevados de confiança e conforto com o desconhecido.

Caso 13: Marina M., nascida nos Estados Unidos, mas residente na Coreia do Sul.

Assim como acontece com o dinheiro, que não muda as pessoas, apenas mostra quem realmente são, Marina, a qual conta a sua história, sentiu que a vida na Coreia deu-lhe mais oportunidades para crescer.

A vida na Coreia me empurrou fora da minha zona de conforto e me obrigou a explorar mais. Eu fui forçada a me desembaraçar de situações difíceis, o que me desafiou a avançar. Em casa, eu era mais desanimada e com uma atitude de "vou ter tempo para fazer isso mais tarde, já que eu moro aqui." Desde que me mudei para a Coreia do Sul, estou me esforçando a explorar mais, porque sei que só estarei aqui por um tempo limitado. Também foi bom conhecer outros estrangeiros, pois me inspiram a fazer coisas diferentes que não faria em casa. É raro passar mais de uma semana sem fazer algo completamente novo ou não conhecer alguém.

Na Coreia, constantemente me encontro em situações que me fazem avaliar o que quero e apreciar a vida. Isso ocorre porque tantas coisas acontecem em tão pouco tempo e estou longe de casa. É tão diferente que eu sou obrigada a analisar constantemente a vida e a mim mesma. Portanto, encontro-me no padrão contínuo de: fazer - aprender - avaliar - avançar. Em casa, estava em um padrão similar, mas não no mesmo nível. A minha vida na Coreia como estrangeira permite tantas situações diferentes e interessantes, como viver o ciclo de aprendizado com mais frequência. Aprendi que, se você é alguém que não quer crescer, a Coreia é um lugar maravilhoso para desperdiçar a própria vida e simplesmente existir sem nenhum propósito. Infelizmente, muitos estrangeiros fazem isso.

Experiências:

Minhas experiências na Coreia têm sido surpreendentes. Acho que isso foi possível porque sabia que meu tempo aqui seria limitado. Enquanto vivia em Orlando, na Flórida, tinha o pensamento de que poderia usar meu tempo sem urgência. Mas, quando você vive em um país estrangeiro por um período determinado, tem sempre necessidade de explorar coisas antes de ir embora. Não é um destino final, por isso é melhor começar a ver as coisas que realmente quer conhecer.

CAPÍTULO DEZ • FLEXIBILIDADE E RESILIÊNCIA

Desafios:

A comunicação é um desafio óbvio, mas pode criar algumas situações interessantes, a não ser, é claro, durante uma situação estressante ou negativa, em que tudo que se deseja é que alguém entenda o que está tentando dizer. Mas se estiver preparado para enfrentar os desafios e disposto a aprender com as situações, a viagem se tornará divertida.

Ajuste no ambiente de trabalho

Trabalho em uma escola, que é uma ótima empresa. Mas, na Coreia, tudo muda rapidamente e os professores estrangeiros são os últimos a saber. Portanto, tenho que me adaptar constantemente a novas maneiras de fazer as coisas no trabalho, pois têm expectativas muito diferentes sobre as prioridades. Esta situação é bastante estressante e até frustrante, mas vejo como um desafio a superar. Como tenho que me adaptar constantemente a novas situações, transformei-me em uma professora melhor e mais forte.

Quando cheguei, sentia-me perturbada e confusa sempre que algo novo fosse atirado em mim. Porém, reprogramei minha mente para não mais reagir desta forma. Em vez disso, aprendi a responder com determinação. Agora, sei que posso lidar facilmente com qualquer situação e me adaptar a novos alunos, classes, e até mesmo circunstâncias mais difíceis. Eu sou muito grata a minha experiência de vida na Coreia por dar-me a oportunidade de crescer e trabalhar minhas habilidades.

A história de Marina convida-nos a pensar em como ser mais flexível e resiliente (lembre-se das células). Quantas coisas que causavam estresse vêm de sua mente? Se concentrar em sua integridade como um organismo celular, será capaz de flexionar-se mais facilmente, reduzir as expectativas e expandir a sua tolerância.

EMBARQUE JÁ • O MUNDO TE ESPERA

Quando profissionais são enviados para ocupar uma determinada posição no exterior, como parte de sua carreira, o prazo é de dois a cinco anos, em média. No entanto, alguns profissionais concluem o projeto no exterior, voltam para casa e, algum tempo depois, saem do trabalho. As razões para essa transição são variadas: para alguns, a experiência foi muito difícil por ficar longe da família ou pela sensação de não ter feito um bom trabalho; para outros, o ajuste não foi o problema mas, quando voltam, não podem readaptar-se à antiga sede da empresa onde trabalhavam, porque evoluíram como profissional e não cabem mais no cargo que assumiam. Um grande desafio para as empresas que enviam funcionários para o exterior é "como vamos manter essa pessoa na nossa equipe uma vez que retorne?". Como o caranguejo ermitão, que deixa suas conchas, os funcionários não podem voltar para as mesmas posições, já não cabem mais lá, pois utilizaram a flexibilidade e resiliência para alcançar novas proporções e não são mais os mesmos. Portanto, uma das partes mais importantes da exposição a diferentes culturas é a mudança interior. Descobrirá a verdade sob as camadas metafóricas da cebola que removerá para descobrir quem realmente é. Coisas sobre si mesmo que não tinha ciência. Talento que não sabia que possuía.

Crescimento sempre acontece fora de nossa zona de conforto. Então, como vai expandir a sua zona de conforto? Comece por se aventurar fora dela. Falar com estranhos. Ir sozinho ao restaurante. Pedir informações na estação de trem. Iniciar uma conversa na fila do supermercado. Assim dará a oportunidade de conhecer pessoas maravilhosas que estão dispostas a ajudar.

SIM & NÃO

SIM

- Sinta-se confortável com as mudanças, nada é permanente.

CAPÍTULO DEZ • FLEXIBILIDADE E RESILIÊNCIA

- Seja aberto a diferentes pontos de vista, às necessidades de outras pessoas e às tendências da tecnologia.
- Permita-se mudar de ideia quantas vezes forem necessárias.

NÃO

- Não seja inflexível. Evite dizer coisas como "no meu país fazemos deste modo" ou "esta é a única maneira que sei como fazê-lo". Alongue sua mente e boa vontade.
- Não perca a sua identidade. Mantenha-a com orgulho e elegância.

CAPÍTULO ONZE

ESPIRITUALIDADE E FÉ

Amai-vos uns aos outros como eu vos amei.

Jesus Cristo

ESPIRITUALIDADE E FÉ

Deepak Chopra resumiu muito bem quando disse: "Em última análise, consciência espiritual se desenvolve quando se é flexível, espontâneo, desapegado consigo mesmo e com os outros."

A fé é um profundo compromisso de fidelidade com suas crenças. É a sinceridade das intenções e das convicções. É confiança e lealdade para com o Criador. A espiritualidade é o estado de ser dedicado a coisas e valores espirituais. Tanto a fé como a espiritualidade têm uma abordagem distinta sobre religião e orações.

Quando abraça a oportunidade de viajar, especialmente sozinho, abre espaço para a fé ou a espiritualidade entrar. Mesmo que a sua fé ou espiritualidade sejam fortes, vai se lapidar mais com as mudanças. Durante minhas viagens ao redor do mundo, tive a oportunidade de aprender sobre as diferentes religiões. Sempre me esforcei para compreender as raízes e os aspectos culturais envolvidos em relação à fé e à espiritualidade dos locais por onde passei. Toda vez que fui convidada para uma cerimônia ou um culto religioso, senti-me honrada e aproveitei a oportunidade para me aproximar de meus amigos, honrando-os em suas tradições. Na posição de visitante, testemunhei

CAPÍTULO ONZE • ESPIRITUALIDADE E FÉ

coisas incríveis e sagradas e, acima de tudo, percebi que a fé e a espiritualidade são fundamentais para a felicidade humana, não importando raça ou nacionalidade.

Fé e espiritualidade se apresentam de maneiras diferentes e são influenciadas por aspectos culturais e sociais ao longo dos anos, mas conecta o homem a uma força superior, que optei por chamar de Deus. Hajar, amiga e alma gêmea, usa a palavra Allah. Não importa o idioma que usamos, poucos duvidam de que estejamos protegidos sob a mesma força superior e ligados como irmãos e irmãs no nível espiritual.

Durante uma visita na época do Natal, minha amiga muçulmana deu-nos o prazer de sua visita à igreja local. Enquanto viajamos pelo mundo, eu a honrava com minha ajuda para que pudesse sempre encontrar um lugar tranquilo para fazer suas cinco orações diárias. Era importante que ela as fizesse no horário certo, com a face voltada para direção de Meca. Não importava se estávamos no aeroporto, supermercado, parque de diversões, deserto, museu, praia ou qualquer outro lugar, comprometia-me a ajudá-la a encontrar o local para as suas orações.

Com meu amigo Hassan, sempre respeitei suas crenças religiosas e costumes. Aprendi a preparar harira, uma sopa de tomate e lentilha da região de Marrocos, ricamente temperada com gengibre, pimenta , canela, coentro, salsa, aipo e cebola. Embora harira possa ser preparada durante todo o ano, é mais apreciada por marroquinos durante o mês de Ramadan, quando é servida para quebrar o jejum ao pôr do sol. Algumas famílias também gostam de comer harira durante o Suhoor (a refeição tomada nas primeiras horas da manhã), antes do jejum do dia começar oficialmente. Por ser capaz de preparar o prato cerimonioso para meu amigo, conectamo-nos a um nível mais profundo e edificado.

Como tive a experiência de viver em muitos países e culturas ao redor do mundo, tive a honra de ajudar no planejamento e de fazer parte de numerosas cerimônias de diferentes religiões. Entre as memoráveis experiências, nunca vou me esquecer da or-

EMBARQUE JÁ • O MUNDO TE ESPERA

ganização das celebrações de um jantar Seder de Pessach, em que comemoram a libertação dos escravos israelitas do Egito e de apreciar a alegria e as delícias de uma refeição muito rica e especial preparada para o Eid al- Fitr, comemoração na qual muçulmanos celebram o fim do mês de Ramadan e se reúnem com seus entes queridos. Também vivi a feliz e divertida experiência de jogar pó colorido e perfumes nas ruas da Índia, durante o período em que a população hindu celebra as festividades Holi (festival das cores no qual se comemora a chegada da primavera). Já ajudei na limpeza primaveril da casa e da decoração de janelas e porta, antes de jantar com toda a família para celebrar o Ano Novo Chinês. Participei em inúmeras viagens de peregrinação a locais cristãos, Santiago de Compostela na Espanha, por exemplo, onde conheci pessoas incríveis, aprendendo sobre a fé e a razão que as levaram a escolher aquele caminho específico.

Nossa igreja local cresceu acostumada a me ver trazendo visitantes internacionais. Os membros gostavam de conhecer meus amigos globais, que foram sempre recebidos como se fossem da mesma fé. Fiquei impressionada com a influência da fé na vida de tantos imigrantes em todo o mundo. Muitos mantinham os hábitos e rotinas religiosas que trouxeram de sua terra natal; alguns fortaleceram sua fé vivendo longe de seu país de origem; outros, ainda, encontraram a fé pela primeira vez, em sua jornada pelo mundo afora.

Muitas vezes tenho refletido sobre o porquê dos fenômenos relativos à fé acontecerem. Acredito que, quando viajamos, nossa tolerância se expande e também nos damos conta que somos apenas uma parte pequena de um todo muito maior. Ao reconectarmos com o universo, fortalecemos a fé em alguém ou alguma coisa maior que nós.

Discuti isso com uma amiga e ela me lembrou do fato de que, especialmente durante o ajuste a uma nova cultura, sentimo-nos solitários. Locais de grupos de adoração e oração que compartilham a fé são bem-vindos, como se pertencêssemos a

CAPÍTULO ONZE • ESPIRITUALIDADE E FÉ

uma família maior. No final, a nossa conexão com a fé e a espiritualidade é para sentirmos amor e paz.

Ao estudar os resultados da minha pesquisa, não fiquei surpresa ao ver que a fé e a espiritualidade representaram o elemento de maior valor para imigrantes e expatriados durante seus períodos de adaptação em sua nova pátria. Através de sua fé, sentem-se conectados e seguros onde quer que estejam. Pessoas em transição se apoiam em sua fé e a usam para extrair a força necessária para escrever um novo capítulo em suas vidas.

A pior situação pela qual passei foi em um casamento marcado pela violência doméstica. Nos mais obscuros momentos, em que não tinha ninguém para me ajudar, a fé manteve a minha sanidade e me deu força para reagir, coragem para sair daquela relação e seguir com minha vida. Um dia, quando já não aguentava mais, postei-me de joelhos, desesperada, falando com Deus. Liberei toda a minha dor e tomei a decisão de aceitar a Sua ajuda. Senti uma conexão muito profunda, que jamais havia sentido antes e aceitei-a em meu ser, coração, corpo, mente e alma. O milagre que pedi aconteceu.

Depois da experiência, tudo começou a se encaixar. Parecia que eu estava cercada por uma energia diferente. O problema parecia estar se resolvendo. Diferentes circunstâncias ocorreram que me fizeram sentir claramente que Deus estava ao meu lado e trabalhando em meu nome. Desde aquele momento, nunca perdi a fé e incorporei um profundo respeito pela espiritualidade das pessoas.

Anos depois, discuti a experiência vivida com um pastor, o qual explicou que a fé da mente é diferente da fé do coração. Ainda me disse: "A pior coisa é não ter fé, porque não acredita em algo maior e mais poderoso que você, em Deus. Se não acredita em algo maior, então o que tem? Qual esperança o resta quando o problema for maior que você? Quando temos fé, temos vontade de continuar. Não importa o que vai acontecer, continuamos. Não faça julgamentos, suposições ou perca seu tempo com preocupações. Apenas tenha fé, sabendo que Ele vai cuidar. Que algo maior está sempre conspirando a seu favor. Tenha fé sempre."

Aprendi que, quando as coisas parecem muito confusas, tudo o que tenho a fazer é um DDD (Discagem Direta para Deus) também conhecido como oração, e deixá-lo cuidar do problema. Isso me dá uma sensação imediata de paz e me acalma em momentos de estresse ou de pânico. Claro que é bom e necessário estar preparado mas, quando as coisas não estão sob meu controle, posso manter meu senso de calma confiando que Deus tem as rédeas e tudo ficará bem. Eu tenho fé.

Portanto, ao se encontrar em situações desesperadoras, não perca o foco. Pergunte a si mesmo: "Tenho controle sobre a situação?". Se não tem, então quem tem? Você pode acessar a pessoa ou de alguma forma negociar? Se isso não depende de você e a outra pessoa não está presente ou interessada, então realmente só tem a opção de entregá-lo ao Universo. Envie o problema para o poder maior em que acredita. Passe o problema adiante e permita a paz desta decisão. A fé vai ajudá-lo em tempos de provação.

Às vezes, não há nada melhor que uma boa oração para nos acalmar, limpar nossa mente e nos dar esperança até que o universo mostre o caminho. Na oração, lembre-se de não só pedir, mas agradecer. Expresse sua gratidão pelo dia e conte sobre as bênçãos que recebeu. Pratique a gratidão de forma proativa, isso sempre lhe dará uma perspectiva muito melhor da realidade.

SIM & NÃO

SIM

- Abra o seu coração e sua mente para a fé.
- Respeite a fé e os costumes dos outros para ter os seus respeitados.
- Conecte-se com uma força maior, o universo ou o Criador em momentos difíceis.

CAPÍTULO ONZE • ESPIRITUALIDADE E FÉ

- Expresse gratidão pelo que você é e por tudo o que tem.
- Tenha fé e tudo vai se encaixar no lugar.
- Professe sua fé com graça e sensibilidade.
- Repouse em sua fé, se não tem uma solução para o problema.

NÃO

- Não julgue as crenças e ações dos outros.
- Não faça julgamentos apontando os pecados das outras pessoas.
- Nunca pense que você está sozinho. Estamos todos conectados de alguma forma. Você vai encontrar a força quando reconhecê-la.
- Não ignore ou desrespeite a fé de outras pessoas. Saiba mais mesmo que isso não faça sentido para você. É a jornada delas, não a sua.

RESULTADOS DA PESQUISA

Quanto mais ouvirmos uns aos outros – com muita atenção – mais coisas em comum vamos encontrar em todas as nossas vidas. Isto é, se tivermos o cuidado de trocar histórias de vida e não apenas opiniões.

Barbara Deming

RESULTADOS DA PESQUISA

Os resultados obtidos tiveram como base o desenvolvimento pessoal de expatriados e imigrantes, e as inter-relações das experiências dos participantes numa pesquisa, conduzida online em 2013, com mais de 400 pessoas de várias partes do mundo respondendo às 10 perguntas elencadas a seguir.

1. Nome
2. Sexo
3. Idade
4. País de nascimento
5. País de residência
6. Você acredita que a experiência de superação de desafios durante a transição cultural e adaptação a um novo país ou cultura foram fatores importantes no seu desenvolvimento pessoal ou profissional?

   • Escolha resposta de múltipla escolha: sim, não, eu não sei

RESULTADOS DA PESQUISA

7. Com base em sua experiência real e resultados como expatriado ou imigrante, tomaria a mesma decisão de se mudar para outro país?

- Escolha resposta de múltipla escolha: sim, não, eu não sei.

8. Qual foi o fator mais importante na decisão de mudar-se para outro país?

- uma situação dolorosa (que provoca estresse, incerteza, falta de liberdade, de oportunidades ou de segurança, dificuldade financeira, familiares etc.)
- uma situação agradável (aventura, romance, sonhos, curiosidade, qualidade de vida, encontro com um ente querido etc.)

9. Liste, em ordem de importância, como os seguintes fatores influenciaram sua decisão e os resultados na superação de desafios e dificuldades durante o período de ajustamento e de adaptação ao novo país:

- FLEXIBILIDADE (capacidade para se adaptar ao novo, ao diferente ou a mudanças de requisitos).
- FÉ (fidelidade às crenças, à sinceridade das intenções, convicções, confiança e lealdade a Deus).
- ESTRATÉGIA (cuidadoso planejamento ou método).
- DETERMINAÇÃO (ato de decidir definitivamente).
- MOTIVAÇÃO (força motivadora, estímulo, ou influência).
- APOIO DE FAMÍLIA, AMIGOS E NETWORKING. (assistência da família, de amigos ou de um profissional).

10. Você recomendaria a experiência de viver no exterior para um amigo ou membro da família?

- Escolha resposta de múltipla escolha: sim, não, eu não sei.

RESULTADOS

Os resultados da pesquisa de opinião sobre desenvolvimento pessoal de expatriados e imigrantes aplicados a exatamente 410 participantes de todo o mundo tinham a intenção de discutir a natureza da motivação e da importância de fatores específicos durante o processo de transição e de adaptação cultural em um novo país. Os participantes são provenientes de mais de 75 diferentes nações.

Os elementos apresentados no estudo foram baseados em experiências e observações da autora durante a sua jornada como viajante internacional, expatriada, imigrante e cidadã global durante os últimos 25 anos, que identificou alguns dos elementos que usou como base para seu sucesso ao desenvolver uma mentalidade global e maximizar as oportunidades para o seu desenvolvimento pessoal e profissional. Os elementos, presentes no levantamento, mostraram ter significativa importância no desenvolvimento pessoal de outros expatriados e imigrantes durante a fase de adaptação no país de acolhimento.

O tamanho da amostra foi representada por 45% dos participantes, sendo 55% do sexo masculino e o restante do sexo feminino. A faixa etária coberta foi de indivíduos de 10 a 80 anos de idade. Quase 40% dos participantes têm entre 30 e 39 anos de idade e quase 28%, de 20 a 29 anos de idade.

Na pesquisa, a faixa etária identificada como a maioria (20 a 39 anos) dos participantes poderia ser explicada como sendo os anos mais produtivos para o desenvolvimento profissional, nos quais a motivação e a oportunidade são abraçadas com menos medo e restrições. O grupo específico representa a

RESULTADOS DA PESQUISA

geração milenar que foi descrita por Strauss e Howe, no livro *'Millennial Rising: The Next Great Generation'*, como tendo "um forte senso de comunidade local e global".

Quase 93% dos participantes acreditam que a experiência da superação de desafios durante a transição cultural e o período de adaptação a um novo país foram fatores importantes para o seu desenvolvimento pessoal ou profissional. A expansão de nossas fronteiras culturais é um desafio, mas leva a resultados mais eficientes no crescimento pessoal e profissional.

Mais de 90% dos participantes repetiria a experiência de se mudar para outro país. O valor mostra o resultado global positivo na decisão já que parece ter sido melhor que a expectativa. O fator motivador foi de natureza positiva e relacionado a uma situação agradável, como aventura, romance, sonhos, curiosidade, qualidade de vida e reencontro com a pessoa amada. 80% dos participantes assumiram o risco de se mudar para um novo país. As emoções positivas são catalisadoras durante o processo de tomada de decisão e de superação de desafios durante a transição para um ambiente multicultural.

Quase 93% dos participantes recomendam a experiência de viver no exterior para um amigo ou membro da família, o que nos leva a crer que a experiência teve um impacto positivo na sua vida e que se sente confiante em recomendá-lo.

Quando questionado sobre a ordem de importância para seis fatores específicos (flexibilidade, estratégia, determinação, motivação, fé e apoio de familiares ou amigos) identificados pelo autor como influência dos resultados bem-sucedidos na adaptação a uma nova cultura, a fé foi descrita como a mais importante nos resultados gerais. Em nova entrevista com alguns participantes, a autora percebeu que a explicação mais comum era que a fé os ajudou a conectar-se a uma entidade superior, ou Deus, a conectar-se a uma comunidade acolhedora e, acima de tudo, a conectar-se consigo mesmo.

EMBARQUE JÁ • O MUNDO TE ESPERA

A estratégia foi citada como o segundo fator mais importante em suas conquistas. O ato de planejar e obter a informação necessária para programar uma estratégia de sucesso pode fazer a diferença entre frustração e realização.

A importância de fatores como determinação, motivação, flexibilidade e apoio de amigos e familiares pode ser demonstrada em qualquer área de realizações: esportes, saúde ou carreira. Quando o indivíduo é determinado e comprometido com os resultados, encontrará a força e os recursos necessários para o seu desenvolvimento pessoal e uma contribuição global.

Abaixo estão os resultados exatos da pesquisa:

GÊNERO:	
Homem 45%	Feminino 55%

IDADE dos entrevistados	
Entre 10-19	0,98%
Entre 20-29	27,87%
Entre 30-39	39,12%
Entre 40-49	19,80%
Entre 50-59	9,05%
Entre 60-69	2,69%
Entre 70-	0,49%

CONTINENTE DE NASCIMENTO	
África / Oriente Médio	5,62%
Ásia	11,49%
América Central / Caribe	2,93%
Europa	41,56%
América do Norte	15,40%
Oceania	1,71%
América do Sul	21,29%

RESULTADOS DA PESQUISA

PAÍS DE NASCIMENTO			
África do Sul	0,24%	Iraque	0,24%
Alemanha	3,91%	Irlanda	0,49%
Argentina	1,71%	Israel	0,24%
Austrália	1,22%	Itália	3,67%
Áustria	0,73%	Jamaica	0,24%
Bélgica	0,73%	Japão	0,24%
Brasil	8,07%	Quênia	0,24%
Bulgária	0,49%	Letônia	0,24%
Canadá	1,47%	Líbano	0,49%
Cazaquistão	0,24%	Lituânia	0,49%
Chile	1,22%	Malásia	0,49%
China	1,47%	Marrocos	0,98%
Chipre	0,24%	México	1,22%
Colômbia	2,69%	Moldova	0,24%
Congo	0,24%	Nova Zelândia	0,49%
Coreia do Sul	0,73%	Paquistão	0,49%
Costa Rica	0,24%	Paraguai	0,73%
Cuba	0,24%	Peru	0,24%
Dinamarca	0,98%	Polônia	1,47%
Egito	0,24%	Porto Rico	0,98%
Equador	0,49%	Portugal	0,98%
Escócia	0,24%	Reino Unido	10,02%
Eslováquia	0,24%	República Checa	0,49%
Espanha	1,22%	Romênia	0,73%
Estados Unidos	11,25%	Rússia	0,73%
Estônia	0,49%	Saint Martin	0,24%
Filipinas	0,49%	Sérvia	0,24%
Finlândia	1,47%	Somália	0,24%
França	1,96%	Suécia	0,73%
Gana	0,24%	Suíça	0,73%
Grécia	0,73%	Tailândia	0,24%
Holanda	4,16%	Taiwan	0,24%
Hong Kong	0,73%	Trinidad e Tobago	0,24%
Hungria	0,49%	Turquia	0,24%
Índia	3,18%	Venezuela	0,49%
Indonésia	0,98%	Vietnam	0,24%
Irã	0,49%		

EMBARQUE JÁ • O MUNDO TE ESPERA

PAÍS DE RESIDÊNCIA			
África do Sul	0,24%	Hungria	0,49%
Alemanha	5,13%	Iêmen	0,24%
Arábia Saudita	0,24%	Índia	1,71%
Argentina	0,73%	Indonésia	0,73%
Austrália	2,44%	Irlanda	0,24%
Áustria	0,98%	Itália	2,93%
Bélgica	0,49%	Japão	0,98%
Botswana	0,24%	Macedônia	0,24%
Brasil	4,65%	Malásia	1,22%
Brunei	0,24%	Marrocos	0,24%
Bulgária	0,24%	México	1,22%
Cabo Verde	0,24%	Nova Zelândia	0,73%
Canadá	3,42%	Paraguai	0,49%
Cazaquistão	0,24%	Peru	0,24%
Chile	1,22%	Polônia	7,33%
China	1,96%	Portugal	0,49%
Congo	0,24%	Qatar	1,71%
Coréia do Sul	0,73%	Quênia	0,49%
Costa Rica	0,73%	Reino Unido	5,62%
Curdistão / Iraque	0,24%	República Checa	0,24%
Dinamarca	1,22%	República Dominicana	0,24%
Emirados Árabes Unidos	2,69%	Rússia	0,49%
Escócia	0,24%	Sérvia	0,24%
Espanha	2,69%	Singapura	1,22%
Estados Unidos	24,69%	Sri Lanka	0,24%
Filipinas	0,24%	Suécia	0,98%
Finlândia	0,24%	Suíça	0,73%
França	1,96%	Tailândia	0,24%
Gana	0,24%	Taiwan	0,24%
Grécia	0,98%	Turks e Caicos	0,24%
Haiti	0,49%	Turquia	0,73%
Holanda	5,38%	Vietnam	0,49%
Hong Kong	0,24%		

RESULTADOS DA PESQUISA

Superação de desafios

Você acredita que a experiência de superação de desafios durante a transição cultural e adaptação a um novo país ou cultura foram fatores importantes no seu desenvolvimento pessoal ou profissional?

SIM	92,91%
NÃO	5,13%
NÃO SEI	1,96%

Experiência real

Com base em sua experiência real e resultados como expatriado ou imigrante, você tomaria a mesma decisão e risco de se mudar para outro país novamente?

SIM	90,24%
NÃO	4,15%
NÃO SEI	5,61%

MOTIVAÇÃO POR DOR OU PRAZER

Qual foi o fator mais importante a motivar a sua decisão de mudar para outro país?

Situação agradável (aventura, romance, sonhos, curiosidade, qualidade de vida, encontro com um ente querido etc.)

80,64%%

Situação dolorosa (que provoca estresse, incerteza, falta de liberdade, oportunidade ou segurança, situação financeira ou familiar indesejada)

21,08%

Fatores importantes

Listar, em ordem de importância, como os seguintes fatores influenciaram sua tomada de decisão, os resultados na superação de desafios e as dificuldades durante o período de adaptação ao novo país ou cultura.

	1	2	3	4	5	6	Média
Flexibilidade	23,66%	17,32%	14,63%	19,76%	14,63%	10%	3,14
Fé	10%	10,49%	6,83%	10,24%	15,12%	47,32%	4,52
Estratégia	3,41%	8,54%	16,59%	23,41%	30,73%	17,32%	4,21
Determinação	20%	22,44%	22,44%	16,83%	11,95%	6,34%	2,97
Motivação	22,44%	26,10%	23,41%	14,39%	9,76%	3,90%	2,75
Apoio	20,73%	13,17%	14,63%	15,61%	19,02%	16,83%	3,50

Você recomendaria a experiência de viver no exterior para um amigo ou membro da família?

SIM	92,93%
NÃO	2,44%
NÃO SEI	4,88%

RELEMBRANDO OS ONZE PASSOS

BEM-VINDO À ALDEIA GLOBAL!
SEJA PARTE DA SOLUÇÃO E DO FUTURO!

RELEMBRANDO OS ONZE PASSOS

Vamos conquistar o mundo? Um passo de cada vez.

Relembre os 11 passos para uma mentalidade global que vai levá-lo a um novo crescimento pessoal e profissional.

Agora que você sabe mais sobre os elementos importantes que definiram o sucesso de cidadãos globais, vamos tomar medidas e definir como poderá implementá-las na sua vida e se conectar com as ilimitadas possibilidades apresentadas pela globalização. Não importa se o seu objetivo é compartilhar seu conhecimento em um ambiente multicultural, investir em educação ou numa carreira internacional, ampliar suas oportunidades de negócios em escala global ou desenvolvimento pessoal, os passos o ajudarão a obter um melhor e mais rápido resultado em sua missão através do desenvolvimento de uma mentalidade global.

Responda às perguntas abaixo para avaliar e melhorar a sua compreensão como um cidadão global.

1) Questione seus motivos e a sua motivação.

RELEMBRANDO OS ONZE PASSOS

Capacite as razões e os motivos para a transição com pensamentos positivos. Verifique se o seu nível de motivação é constante e certifique-se de mantê-lo alto.

- Quais são as suas razões?
- Quão forte é a sua motivação?

2) Desenvolva um plano e uma estratégia para seus objetivos.
Tenha uma estratégia para ajudá-lo a seguir adiante, evitando as armadilhas, medindo os resultados e fazendo ajustes, se necessário.

- O que exatamente você quer?
- O que precisa fazer para alcançá-lo?
- Como pode se preparar para a jornada?

3) Invista no autoconhecimento e aprenda mais sobre o seu estilo de comunicação.
É importante entender como as pessoas nos veem com base em nossos comportamentos e estilo de comunicação. As diferenças culturais podem ser gerenciadas com um estilo de comunicação apropriado.

- Quem é você?
- Qual é o seu tipo de personalidade?
- Qual é o seu estilo de comunicação?
- Como ele o ajuda a respeito de interação multicultural?

4) Melhore suas habilidades sociais e se concentre nas coisas que tem em comum com os outros.
Saia da zona de conforto, inicie o contato e converse com as pessoas de um *background* cultural diferente. Desenvolva

EMBARQUE JÁ • O MUNDO TE ESPERA

relacionamentos baseados na comunhão. Evite comparações e críticas. Construa pontes e derrube muros nos relacionamentos.

- Como você pode melhorar a sua conexão?
- Procure coisas em comum com cinco pessoas de diferentes origens culturais.
- O que isso significa para você?

5) Aumente a sua flexibilidade e melhore a sua capacidade de resistência.

Certifique-se de usar a flexibilidade acima das expectativas quando as diferenças culturais se transformam em um fator limitante. Adapte-se a realidades inesperadas e circunstâncias sem perder seus valores e identidade. Concentre-se na missão.

- Encontre alguém com um ponto de vista diferente com base nas diferenças culturais e coloque-se no lugar da pessoa.
- Crie *rapport* (interesse genuíno pela outra pessoa).
- Aprecie o seu mundo e tente identificar razões com base em sua realidade e experiência.
- Peça-lhe para fazer o mesmo.
- Concorde em discordar.

6) Alimente a sua curiosidade.

Faça perguntas e busque respostas para abrir novas possibilidades, emoção, visão e desenvolvimento. Viaje mais, aprenda uma nova língua e assuma mais riscos, tentando coisas novas.

- Qual é o idioma que gostaria de aprender?
- Por quê?
- Como pode começar?

RELEMBRANDO OS ONZE PASSOS

- O que está o impedindo?
- Você tem certeza?

7) Veja a diversidade como uma forma de arte.

Compreenda a importância da diversidade cultural e étnica na história humana. Pergunte a si mesmo como se beneficia dela e como pode contribuir para o desenvolvimento global da sociedade. Aprecie o multiculturalismo e o impacto positivo na sua comunidade. Aceite esta realidade como parte do desenvolvimento social.

- Quanto de sua realidade diária é atingida pela riqueza da diversidade cultural?
- Quanto tempo e energia investe aprendendo sobre outra cultura?
- Você se conecta ou se relaciona com a diversidade cultural em sua comunidade?

8) Aqueça sua agilidade cultural.

Seja rápido na aprendizagem e na adaptação para acelerar seus resultados. O tempo é fundamental durante a adaptação. Quanto mais tempo leva para se ajustar, mais distante estará da aldeia global.

- Depois de decidir caminhar a uma mentalidade global, quanto tempo demorará para que possa tomar uma atitude?
- Qual será o seu próximo passo?
- Quanto tempo levaria para ajustar-se à diferença?

9) Crie uma rede de apoio de familiares, amigos e colegas.

EMBARQUE JÁ • O MUNDO TE ESPERA

Conecte-se com as pessoas e melhore a relação com aqueles que podem inspirá-lo, apoiar seus objetivos, compartilhar experiências e que têm uma atitude positiva. Evite pessoas com crenças limitantes, pessimistas e preconceituosas. Escolha aqueles que irão inspirá-lo e influenciá-lo. Passe mais tempo com eles.

- Quantos amigos e familiares respeitam e apoiam os seus objetivos?
- Como você pode se beneficiar com isso?
- Quantos não o apoiam?
- Como você pode encontrar o equilíbrio com os membros que não o apoiam sem causar confronto?

10) A determinação define o resultado.

Siga seus objetivos e seus sonhos, sua estratégia e sua missão com determinação e persistência. Acredite que é criativo e capaz. Nunca desista.

- Em uma escala de 1 a 10, qual é o seu nível de determinação?
- Como você pode torná-lo melhor?
- Como vai comemorar uma vez que atingir o seu objetivo?

11) Tenha fé.

Acredite em algo maior do que si mesmo. Pratique a espiritualidade, a religião e a fé. Tenha fé em Deus, nas pessoas, em si mesmo e em seus sonhos. Respeite outras crenças para ter a sua respeitada. A fé traz os resultados que não podemos explicar. Não se preocupe demais, entregue o problema a um poder superior.

- Você tem fé?

RELEMBRANDO OS ONZE PASSOS

- Cuida de suas necessidades espirituais?
- É tolerante com a fé, as crenças e os costumes religiosos de outras pessoas?
- Consegue praticar sua fé sem se preocupar ou criticar a fé das outras pessoas?
- Como fortalece a sua fé?

SOBRE A AUTORA

A dor de não conhecer o mundo real é maior
que o desconforto de descobri-lo. -

Adriana Mirage

Adriana Mirage é *Master Coach* e professora universitária com paixão em inspirar pessoas a viver a vida plenamente. Como uma viajante internacional e cidadã global, sua curiosidade e pesquisa sobre o significado da vida para diferentes culturas a levou para mais de 45 países. Como resultado, aprendeu vários idiomas e entende os desafios e os benefícios que um estilo de vida global tem para oferecer.

Sua curiosidade sobre os mistérios da vida inspirou-a a estudar Biologia na Universidade Santa Cecília em Santos/Brasil. Enquanto estudava lá, criou "Projeto Viajando na Ciência", uma colaboração de vários profissionais e voluntários, com uma feira de conhecimento para comunidades carentes com o objetivo de incentivar e apoiar os alunos a desenvolver sua curiosidade, contribuindo e valorizando a conexão. O programa continuou mesmo depois que Adriana se formou. O projeto continua a ser

SOBRE A AUTORA

uma ferramenta poderosa para o desenvolvimento profissional dos estudantes, além de contribuir com as comunidades locais.

Após a formatura, Adriana continuou a explorar as maneiras pelas quais as diferentes culturas lidam com desafios. Descobriu como construir pontes em todo o mundo através da criatividade e da diversidade. Com cada nova experiência, foi tocada pela semelhança que nos conecta.

A vida de Adriana foi uma cachoeira de desafios e de resultados abençoados, impulsionados por sua curiosidade e amor. Descobriu que o sucesso se alcança, assumindo a autorresponsabilidade e sendo proativo. Sempre foi respeitada e admirada por seus amigos, colegas e clientes por sua capacidade de combinar a sua experiência, a sua compreensão das diferentes culturas e sua habilidade de falar com o coração.

Estudou os princípios da Ayurveda, na Índia. Facilitou negócios na China e em Dubai. Participou de expedições pela África, incluindo a escalada ao Monte Kilimanjaro. Também já trabalhou em missões e tem sido uma defensora daqueles que sofrem o problema da violência doméstica. Já percorreu um longo caminho desde que aquela menina, nascida em uma comunidade muito pobre no Brasil, decidiu sair para conquistar o mundo e atrair uma rede internacional de amigos, os quais se tornaram família.

Adriana formou-se como Doutora em *Coaching*, pela Flórida Christian University, em Orlando, Flórida, EUA. Mantém suas atividades como *Coach* de Vida e Carreira e inspira as pessoas a agir, mudando suas vidas para se tornarem a melhor versão de si mesmas.

Se quiser comentar suas experiências ou o conteúdo do livro, conecte-se com Adriana Mirage, visitando seu site:

www.AdrianaMirage.com

BIBLIOGRAFIA

AL-OMARI, Jehad. *Understanding the Arab Culture A Practical Cross Cultural Guide to Working in the Arab World.* 2nd Edition. How To Books. 2008.

BAUMEISTER, Roy; BUSHMAN, Brad. *Social Psychology & Human Nature*, Thomson Wadsworth, Belmont CA, 2008.

BELLAMY, Richard. *Citizenship Beyond The Nation State: The Case Of Europe. In: Political Theory In Transition*, edited by Noël O'Sullivan. Rutledge Editions. London. 2000.

BLATTBERG, Charles. *We Are All Compatriots, Rooted Cosmopolitanism*, edited by Will Kymlicka and Kathryn Walker. UBC Press. Vancouver. 2012.

KECK, Margaret E. & SIKKING, Kathryn. *Activists Beyond Borders.* Cornell University Press, Ithaca NY. 1998.

MOTA, Jeverson. *Negociando Com A China – Aspectos Culturais E Perfil Do Negociador Chinês,* Trabalho de Conclusão de Curso – FATESC, Brusque SC .2005.

BIBLIOGRAFIA

OLIVEIRA, Adriana R.M. *Internacionalização da Educação: Indicadores para a Educação Superior.* Rede Metodista de Educação do Sul. 2007.

PLAFKER, Ted. *Doing Business in China How to Profit in the World's Fastest Growing Market.* Business Plus. 2008.

POLANCO, Danilo. *Quieres Transcender? Identifique y Desarrolle las Fortalezas de su Temperamento.* Esquire Publications, Palm Cost FL. 2012.

PRESTON, Peter. *Political/Cultural Identity: Citizens and Nations in a Global Era.* Sage Publications Ltd, London. 1997.

RENAND, Franck. *Cultura Gerencial Chinesa versus Cultura Oriental.* Artigo Cientifico, CDA – Departamento de Ciências da Administração – UFSC. Blumenau. 2006.

RYAN, Mary. *Adaptability-How to Survive Change You Didn't Ask For.* Broadway Books, New York. 2009.

SHER, Barbara. *Refuse to Choose: Use All of Your Interests, Passions, and Hobbies to Create the Life and Career of Your Dreams.* Rodale Books, New York, 2007.

SILVER, Margarita. *Culture Mastery 4 C's Process: A Roadmap On How to Become Culturally Intelligent When Working Across Cultures.* GCC Expat Publications. 2013.